普通教育与职业教育对城镇化的影响研究

阚大学　吕连菊　著

中国财经出版传媒集团

经济科学出版社

Economic Science Press

图书在版编目（CIP）数据

普通教育与职业教育对城镇化的影响研究/阚大学，吕连菊著. —北京：经济科学出版社，2018.12
ISBN 978 – 7 – 5218 – 0107 – 1

Ⅰ. ①普… Ⅱ. ①阚… ②吕… Ⅲ. ①普通教育 – 影响 – 城市化 – 研究 ②职业教育 – 影响 – 城市化 – 研究 Ⅳ. ①G63 ②G71③F291.1

中国版本图书馆 CIP 数据核字（2018）第 298588 号

责任编辑：刘　颖
责任校对：曹育伟
责任印制：李　鹏

普通教育与职业教育对城镇化的影响研究
阚大学　吕连菊　著
经济科学出版社出版、发行　新华书店经销
社址：北京市海淀区阜成路甲 28 号　邮编：100142
总编部电话：010 – 88191217　发行部电话：010 – 88191522
网址：www.esp.com.cn
电子邮件：esp@esp.com.cn
天猫网店：经济科学出版社旗舰店
网址：http://jjkxcbs.tmall.com
北京季蜂印刷有限公司印装
710×1000　16 开　12.5 印张　180000 字
2018 年 12 月第 1 版　2018 年 12 月第 1 次印刷
ISBN 978 – 7 – 5218 – 0107 – 1　定价：45.00 元
（图书出现印装问题，本社负责调换。电话：010 – 88191510）
（版权所有　侵权必究　打击盗版　举报热线：010 – 88191661
QQ：2242791300　营销中心电话：010 – 88191537
电子邮箱：dbts@esp.com.cn）

前　言

　　1978年以来，中国城镇化水平大幅提高，但城镇化质量不高，在推进城镇化进程中，对城镇化内涵建设关注不够，使城镇化过程中出现了产业结构不合理、农民市民化程度不高、转移农民就业能力较弱、城市拥挤和环境恶化等问题。同时，中国城镇化结构不合理，主要是城镇化规模结构有待优化。作为与城镇化进程联系极为紧密的教育，通过对转移人口的就业技能、综合素质、农民市民化、产业结构、民主法治建设等方面影响着城镇化水平、质量和结构的提升。随着中国城镇化的推进，普通教育与职业教育发展虽然取得举世瞩目的成绩，但也暴露出一些与新型城镇化不相适应的问题，如办学层次、办学形式、专业设置、课程体系、人才培养类型等方面难以满足城镇化质量提高以及结构优化需要，这将影响普通教育与职业教育在中国城镇化进程中发挥的积极作用，因此要优化调整教育的发展方向和方式。那么，中国不同地区、不同类型城市为了适应新型城镇化的发展，应着重发展普通教育还是职业教育？应侧重发展何种层次的普通教育和职业教育？据此，本书通过比较实证研究普通教育与职业教育及其不同层次教育对中国不同地区、不同类型城市城镇化的影响，并依据实证结果，提出提高城镇化水平和质量、优化城镇化结构的对策。

目　　录

第一章　绪论 ·· 1

第一节　选题意义及研究价值 ·· 1
第二节　研究思路、主要内容与研究方法 ···························· 2
第三节　研究目标、拟解决的关键问题与创新之处 ················ 6
第四节　核心概念界定 ·· 8

第二章　国内外文献综述 ·· 10

第一节　教育与城镇化互动关系的理论研究 ······················· 10
第二节　教育对城镇化水平影响的实证研究 ······················· 11
第三节　教育对城镇化质量影响的实证研究 ······················· 14
第四节　城镇化结构研究 ·· 16
第五节　简要评价 ·· 20

第三章　中国教育与城镇化进程的现状与问题 ··············· 21

第一节　中国普通教育的现状与问题 ································· 21
第二节　中国职业教育的现状与问题 ································· 24
第三节　中国城镇化进程的现状与问题 ······························ 29
第四节　本章小结 ·· 45

第四章 教育对城镇化进程的影响机理分析 …… 47

第一节 教育对城镇化水平的影响机理 …… 47

第二节 教育对城镇化质量的影响机理 …… 48

第三节 教育对城镇化结构的影响机理 …… 52

第五章 普通教育和职业教育与中国城镇化关系的因果分析 …… 55

第一节 平稳性检验、协整检验和格兰杰因果检验 …… 55

第二节 教育与中国城镇化水平的因果分析 …… 60

第三节 教育与中国城镇化质量的因果分析 …… 69

第四节 教育与中国城镇化结构的因果分析 …… 75

第五节 本章小结 …… 86

第六章 普通教育与职业教育对中国城镇化水平影响的实证分析 …… 88

第一节 动态面板数据模型形式 …… 88

第二节 动态面板数据模型估计 …… 89

第三节 模型设定、变量测度与数据说明 …… 93

第四节 数据检验与内生性问题 …… 96

第五节 实证结果分析 …… 107

第六节 本章小结 …… 119

第七章 普通教育与职业教育对中国城镇化质量影响的实证分析 …… 122

第一节 模型设定、变量测度与数据说明 …… 122

第二节 数据检验与内生性问题 …… 125

第三节 实证结果分析 …… 130

第四节 本章小结 …… 141

第八章　普通教育与职业教育对中国城镇化结构影响的实证分析　143

　　第一节　模型设定、变量测度与数据说明　144
　　第二节　数据检验与内生性问题　148
　　第三节　实证结果分析　152
　　第四节　本章小结　162

第九章　发达国家教育在城镇化进程中的作用及经验启示　164

　　第一节　普通高等教育在城镇化进程中的作用及经验启示　164
　　第二节　高等职业教育在城镇化进程中的作用及经验启示　166
　　第三节　中等职业教育在城镇化进程中的作用及经验启示　172

第十章　推进新型城镇化的教育发展建议　177

　　第一节　不同地区、不同类型城市重点发展不同类型、不同层次教育　177
　　第二节　充分认识高等和中等职业教育的重要性　179
　　第三节　高等和中等职业院校需努力办出特色　179
　　第四节　努力创建技术应用型人才培养模式　180
　　第五节　以省统筹，优化院校布局与专业布点　180
　　第六节　加大投入、改善条件、培育重点、全面发展　181

参考文献　183
后记　192

第一章

绪 论

第一节 选题意义及研究价值

改革开放以来，中国城镇化取得显著成绩，城镇化水平从1978年的17.92%增长到2014年的54.77%，城镇化水平年均增速1.03%，是同期世界年均增幅的5倍。但与发达国家相比，中国城镇化水平仍然滞后，按照钱纳里和赛尔奎因的"标准结构"模式推算，对应常态经济发展的城镇化水平应为65.8%。显然，城镇化水平与此差距明显。同时，中国在推进城镇化进程中出现了城镇产业结构不合理、农民市民化程度不高、转移农民就业能力较弱、城市拥挤和环境恶化等问题，即城镇化轻内涵建设，质量不高。因此，需尽快提高中国城镇化质量。党的十八大报告就明确提出了"城镇化质量明显提高"的新要求，2013年底召开的中央城镇化工作会议也要求提高城镇化发展质量，可见中国开始走进以提高城镇化质量为核心的新型城镇化时代。而作为与经济社会发展联系极为紧密的教育，在通过提升转移人口的就业技能和综合素质，促进其市民化，改善城镇人口结构、就业结构和产业结构，推动民主和法制建设，实现教育公平等方面具体影响着城镇化质量。此外，目前中国城镇化结构不合理，包括城镇化规模结构和空间结构不合理，中央城镇化工作会议也提到需全面放开建制镇和小城市落户限制，有序放开中等城市落户限制，合理确定大城市落户条件，严格控制特大城市人口规模；要优化城镇化布局和形态；把城市群作为主体形态，促进大中小城市和小城镇合理分工、功能互补、协同发展。而中国地区教育发展不均衡，影响了城镇规模结构以及整个城镇化布局。1978年以来，中国的普通教育与职业教育发展迅速，规模和质量得到了很大提高，但随着中国城镇化的推进，暴露出一些与之不相适应的问题和不足，如办学层次、办学形式、专业设置、课程体系、人才培养类型等方面难以满足城镇化水平和质量提高以及结构优化需要，这将影响普通教育与职业教育在中国城镇化进程中发挥的积极作用，因此要优化调整教育的发展方向和方式。那么，中国为了适应新型城镇化的发展，应侧重发展普通教育还是职业教育？如果是普通教育，中国又应侧重发展普通高等、中等和初等教育中的哪一层次？不同地区、不同类型城市又应侧重发展哪一层次？同理，如果是职业教育呢？要解答这些问题，就需要研究普通教育与职业教育及其不同层次教育对中国不同地区、不同类型城市城镇化的影响。然后基于实证结果，提出提高城镇化水平和质量、优化城镇化结构的对策。这是本书的实际应用价值与研究意义所在，同时也通过本书的研究，从城镇化视角为验证教育部提出的600多所普通本科高校转型职业教育是否合理提供实证基础。

第二节 研究思路、主要内容与研究方法

一、研究思路

本书主要是在阅读国内外文献基础上，首先分析中国教育与城镇化的

现状及问题；其次理论分析教育对城镇化水平、质量和结构的影响机理，并构建不同计量模型，利用系统广义矩估计等方法比较分析普通教育与职业教育不同层次教育对中国不同地区、不同类型城市的城镇化水平、质量和结构的影响；最后结合实证结果，并借鉴发达国家发展某类或某层次教育的经验提出提高城镇化水平、质量和优化城镇化结构的教育发展建议。具体思路如图 1-1 所示。

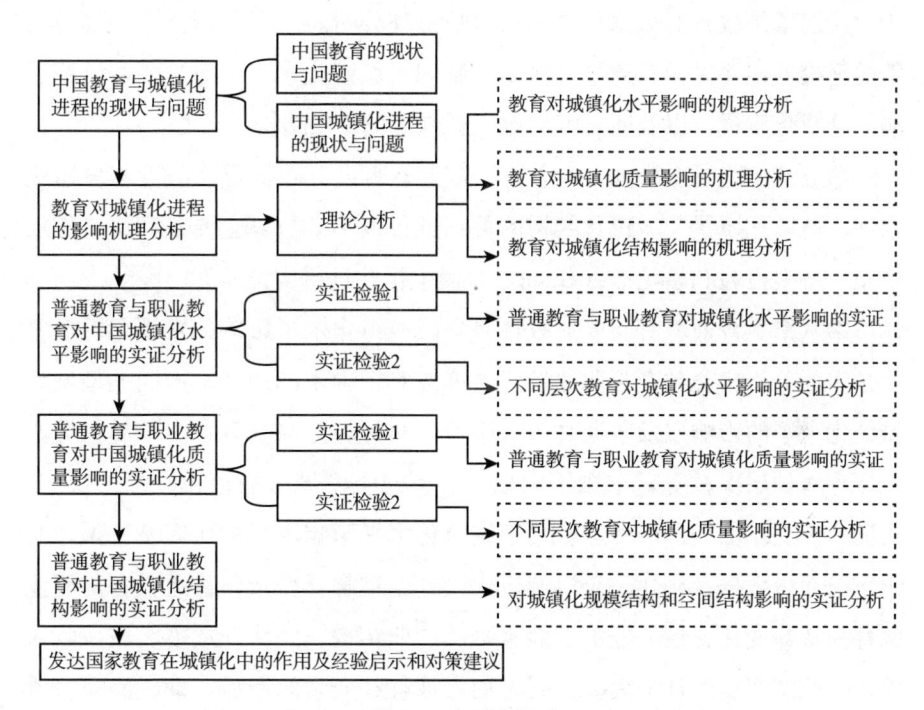

图 1-1　研究思路

二、主要内容

第一章是绪论。包括：选题意义及研究价值；研究思路、主要内容与研究方法；研究目标、拟解决的关键问题与创新之处；核心概念界定，主要是城镇化水平、城镇化质量和城镇化结构概念的界定。

第二章是国内外文献综述。主要包括：教育与城镇化互动关系的理论研究综述；教育对城镇化水平和质量影响的实证研究综述；城镇化结构研究，对上述研究成果的一个总结和简要评价。

第三章是中国教育与城镇化进程的现状与问题。主要包括：中国普通教育的现状与问题；中国职业教育的现状与问题；中国城镇化水平、质量和结构的现状与问题。

第四章是教育对城镇化进程的影响机理分析。主要是建立一个较为完整的理论框架探讨教育通过哪些途径影响了城镇化水平，通过哪些机制影响了城镇化质量，以及通过哪些效应影响了城镇化结构。

第五章主要是分别就普通教育、职业教育及其不同层次教育与城镇化水平、城镇化质量、城镇化结构的关系进行因果分析。主要是利用单位根检验、协整检验和格兰杰（Granger）因果检验进行实证研究。

第六章是普通教育与职业教育对中国城镇化水平影响的实证分析。主要是实证分析普通教育与职业教育整体上对中国不同地区、不同类型城市城镇化水平的影响以及普通高等、中等、初等教育与高等、中等和初等职业教育六种层次教育对中国不同地区、不同类型城市城镇化水平的影响。实证分析是在依据国内外学者关于城镇化水平影响因素的研究基础上，基于市级面板数据，构建一个以城镇化水平为被解释变量，普通教育与职业教育为解释变量，纳入经济发展水平、产业结构、经济开放度、城乡收入差距等控制变量的计量模型，同时加入被解释变量的滞后一期，涵盖未考虑到的其他影响因素。在对数据进行平稳性检验和协整检验基础上，利用系统广义矩估计法克服内生性和共线性问题进行实证分析，然后进一步以六种层次教育为解释变量，再次比较分析。

第七章是普通教育与职业教育对中国城镇化质量影响的实证分析。主要是比较分析普通教育与职业教育不同层次教育对中国不同地区、不同类型城市城镇化质量影响。实证分析也是在依据国内外学者关于城镇化质量影响因素的研究基础上，基于市级面板数据，构建一个以城镇化质量为被解释变量，普通教育与职业教育为解释变量，纳入经济发展水平、产业结构、劳动生产率、基础设施水平、城乡收入差距、医疗水平、环境污染等控制变量的计量模型，同时加入被解释变量的滞后一期，涵盖未考虑到的其他影响因素。在对数据进行相关检验基础上，利用系统广义矩估计法进行实证研究，然后进一步以不同层次教育为解释变量，再次比较分析。

第八章是普通教育与职业教育对中国城镇化结构影响的实证分析。主要是比较分析普通教育与职业教育不同层次教育对中国城镇化规模结构和城镇化空间结构影响。本章依据研究城镇规模及其结构影响因素的国内外文献，结合实证需要，以计算出的城镇化结构为被解释变量，分别以普通教育与职业教育不同层次教育为解释变量，纳入经济发展水平、产业结构、经济开放、城乡收入差距、基础设施条件、国有经济比重、固定资产投资、政府财政支出等控制变量，加入滞后一期的被解释变量进行实证研究，进而得到不同类型、不同层次教育是否优化了中国东部、中部、西部地区城镇化结构。

第九章是发达国家教育在城镇化进程中的作用及经验启示。主要包括美国、英国、日本等国家的普通高等教育；德国、瑞典、美国等国家的高等职业教育；英国、德国等国家的中等职业教育在城镇化进程中的作用及经验启示等。

第十章是提高中国城镇化水平、质量和优化城镇化结构的教育发展建议。主要是结合实证结果和第九章的经验启示，提出不同地区、不同类型城市重点发展不同类型、不同层次教育，然后围绕相应类型层次教育，针对该类型层次教育存在的问题，提出发展该类型层次教育的具体建议，以推进新型城镇化。

三、研究方法

一是理论分析和实证研究相结合。主要是理论分析了教育对城镇化的影响机理，并实证研究了普通教育与职业教育对中国城镇化的影响，一方面验证理论分析，另一方面为提出建议奠定实证基础。

二是综合分析与比较分析相结合。综合分析是指本书综合了国内外文献，分析了教育对城镇化水平、质量和结构的影响机理，同时比较分析了普通教育与职业教育不同层次教育对中国不同地区、不同类型城市的城镇化水平、质量和结构的影响。

三是计量经济学和统计学等方法。本书在实证分析时，利用了面板平稳性检验、协整检验以及系统广义矩估计方法等计量经济学方法；并运用到首位度指数、基尼系数、赫芬达尔指数和熵值法等测度方法。

四是调查研究法。一方面，到不同地区部分院校调研普通教育与职业教育存在的问题；另一方面，对于实证时部分原始数据的缺乏，通过调研获取。

第三节　研究目标、拟解决的关键问题与创新之处

一、研究目标

通过对普通教育与职业教育不同层次教育对中国城镇化水平、质量和结构的影响研究，具体达到以下目标：一是清楚了解中国目前普通教育与职业教育、城镇化水平、质量和结构的现状及所存在的问题；二是分别概括总结教育对城镇化水平、质量和结构的影响机理；三是中国普通教育与职业教育不同层次教育对城镇化水平、质量和结构究竟有何影响？影响有多大？哪一类型层次教育对中国城镇化水平、质量和结构影响最大？四是普通教育与职业教育不同层次教育对中国东部、中部、西部地区城镇化水平、质量和结构的影响是否相同？五是从城镇化视角验证教育部提出的600多所普通本科高校转型职业教育是否合理。六是提出通过发展教育提

高中国城镇化水平、质量和优化城镇化结构的对策建议。

二、拟解决的关键问题

一是如何利用现有数据分析得出中国目前普通教育与职业教育、城镇化水平、质量和结构的现状及所存在的问题。

二是如何建立一个较为完整的理论框架来分析教育对城镇化水平、质量和结构的影响机理，有何异同？为实证研究提供理论基础。

三是比较分析普通教育与职业教育不同层次教育对中国不同地区、不同类型城市城镇化水平、质量和结构的影响时均需用到的各省市众多变量数据，如何获取和修正，这是实证研究结论可靠性的保证。

四是如何科学合理构建计量模型，并在实证分析采用系统广义矩估计法消除内生性问题时，选择什么样的工具变量，使实证结果更为可靠，最后实证得出的结果又如何去合理解释。

三、创新之处

一是视角新颖。目前现有研究成果基本上是从城镇化水平视角来研究普通教育与职业教育对城镇化的影响，基于城镇化质量和结构视角的研究很少，且未从比较角度出发研究普通教育与职业教育对城镇化水平的影响。

二是建立一个较为完整的理论分析框架。目前文献关于教育对城镇化水平的影响机理分析基本上是零散的研究，因此，本书将建立一个系统的理论框架分析教育对城镇化水平、质量和结构的影响机理。

三是实证设计有新意。多数文献仅以普通教育和职业教育中的单一层次教育为研究对象，不够全面，也没有将普通教育和职业教育不同层次教育对城镇化水平的影响进行比较研究。本书将从多个方面比较分析普通教育和职业教育不同层次对中国不同地区、不同类型城市城镇化水平、质量和结构的影响。

四是运用的研究方法较新。现有文献大多是利用时序数据、截面数据实证分析，很少考虑内生性问题，纳入其他影响城镇化进程的因素。本书则基于省级和城市面板数据，纳入相关控制变量，利用系统广义矩估计法克服内生性问题进行实证分析，使实证结果更具可靠性。

五是系统研究城镇化结构的影响因素。现有关于城镇化结构的研究，大多是实证分析一个国家（地区）不同规模城镇的分布和演变，对于城镇化影响因素探究较少，且在查询到的几篇国内实证文献中很少考虑到教育这一因素（张志强，2010；曹跃群和刘培森，2011；覃一冬，2012；盛科荣等，2013；余吉祥等，2013；王贤彬等，2014）。

第四节　核心概念界定

研究涉及的核心概念主要是城镇化水平、城镇化质量和城镇化结构。其中，城镇化水平是指一个地区城镇化所达到的程度，用城镇化率，即城镇人口占全部人口的百分比来表示，用于反映人口向城镇聚集的过程和聚集程度。城镇化质量，区别于城镇化水平，依据中国社科院魏后凯教授的定义，城镇化质量是一个综合概念，特指城镇化各组成要素的发展质量、城乡协调发展程度和城镇化推进的效率，包括经济、社会、空间城镇化质量。因此，借鉴魏后凯等（2013）构建的指标体系，分别在经济、社会、空间发展质量三个指标中加入高新技术产业增加值占规模以上工业增加值比重和城镇化水平、社会保险综合参保率及每百户拥有电话数（含移动电话）、环境噪声达标率指标来衡量城镇化质量。城镇化结构，参考郭占恒（2012）的定义基础，指城镇化规模结构和城镇化空间结构。一般是利用城市首位指数、Zipf法则、基尼系数、Pareto指数、熵值原理、赫芬达尔指数、城市流强度、kernel 密度、空间关联维数来衡量城镇化结构。由于 Zipf 法则、城市流强度等测度方法存在相应缺陷，故本书采用首位度指数、基尼系数、赫芬达尔指数和熵值法来衡量城镇化规模结构。运用分形理论中的空间关联函数计算出各地区不同年份的空间关联维数，以此来判断各地区城镇体系空间布局的均衡性以及城镇空间分布情况，即衡量城镇化空间结构。

第二章

国内外文献综述

第一节 教育与城镇化互动关系的理论研究

目前,国内外学者对教育与城镇化互动关系的理论研究较为深入,主要集中在两个方面:一是教育对城镇化的影响和城镇化反作用于教育的研究。如赖德胜和郑勤华(2005)认为城镇化促进了教育规模发展、教育制度变革、教育结构调整和教育资源配置机制变革,同时引发了二代移民教育问题;朱镜德(2003)分析认为高等教育扩招会有效缓解了中国城镇化进程中的低级劳动力市场过度拥挤及劳动边际产品低下的矛盾,推动了城镇化进程;阿克潘(Akpan, 2006)分析了休斯敦的得克萨斯社区高等教育对当地城镇化的影响机制;许抄军等(2007)则认为教育通过教育投资、提升人力资本、促进科技进步和提升城镇文化四个方面促进了城镇化;何志方(2001)、孙维胜和滕越(2003)、阎堃和顾培亮(2003)、张妍(2005)、朱洪涛和林光彬(2006)、丁明智和张浩(2011)等分析了教育与城镇化相互作用的机制,认为城镇化为教育发展提供了市场需求,同时依赖教育发展,教育为城镇化发展提供人力和科技资源支撑,教育与城镇化具有双向推动关系；郭存芝等（2006）认为城镇化影响了教育资源分布、通过促进经济增长为教育发展提供了支撑、加速了现代生活方式和思想观念传播，提高了人们对教育重要性的认识，同时教育有助于城镇经济结构升级，加速了城镇化进程；杰米尔等（Demir et al.，2011）以土耳其东南部安那托利亚地区为例，理论分析了土耳其政府在该地区所实施的教育项目与当地城镇化之间的关系，发现两者相互促进；翁京华和韩玉启（2012）认为高等教育通过转移农村人口和提高人力资本作用于城镇化进程，而城镇化是高等教育发展的物质基础，决定了高等教育发展规模与高等教育目标、内容和手段。

二是城镇化过程中发展职业教育的作用以及职业教育发展存在的问题与对策。如许丽英（2003）和李桂娥（2005）分析发现，农村教育特别是农村职业教育发展水平低是城镇化进程缓慢的根本原因，认为需加大投入，调整农村职业教育结构和构建多层次、多样化的终身农村职业教育体系；杨海燕（2007）认为职业教育的主要作用是促进了农民市民化；陈选能（2006）、王保军（2006）、曹晔和汤生玲（2007）、刘征（2008）、查吉德（2010）等分别阐述了高等职业教育和农村职业教育对城镇化进程的重要性，认为城镇化进程中存在高等职业教育和农村职业教育供求矛盾、两者滞后于城镇化进程的问题；艾尔曼（Aillman，2013）分析得出云南县级市快速城镇化的原因是当地职业教育发展较快；默里科（Muricho，2013）发现肯尼亚职业教育改革促进了当地城镇化；钱特（Chant，2014）则以南半球国家为例，认为职业教育促进女性转移到城镇，提高了城镇化水平。这些研究都是比较零散的理论分析，教育对城镇化的影响还没有系统的理论分析框架。

第二节　教育对城镇化水平影响的实证研究

一、城镇化水平影响因素的实证研究

刘贵文等（2006）基于1990~2004年我国数据，运用逐步回归法消

除多重共线性，实证发现与消费和净出口相比，固定资产投资促进城市化水平的作用更大，其中固定资产投资中的社会类基础设施促进作用最大；魏娟和李敏（2009）基于江苏省数据，运用向量自回归模型实证研究了产业结构对城市化水平的影响，结果发现产业结构高级化有效提高了城市化水平；蒋伟（2009）基于2005年省级截面数据，运用空间计量方法实证研究了城市化水平的影响因素，结果发现城市化水平提高和周边地区城市化发展相关，产业结构、地区经济发展水平、对外开放程度与城市化水平正相关，城乡收入差距与城市化水平负相关；武力超和孙浦阳（2010）基于1998~2008年省级面板数据，实证研究了基础设施发展水平对中国城市化水平的影响，发现基础设施的发展显著推进了城市化进程；陈立俊和王克强（2010）发现我国第二产业和第三产业均提高了城市化水平，其中第三产业对城市化的促进作用更加明显；戴永安和陈才（2010）运用误差修正模型实证研究了我国东北地区产业结构对城市化水平的影响，结果发现东北地区三大产业中对城市化促进作用最大的是第三产业；袁晓玲等（2011）基于1978~2009年时间序列数据，发现我国居民消费率、政府消费率和投资率均促进了城市化水平提高；陈可嘉等（2012）基于福建省的时间序列数据，利用状态空间变参数模型，发现第一产业不利于城市化水平提高，第二产业有利于推进城市化，第三产业对城市化水平的提高作用较小；陈丙欣和叶裕民（2013）发现我国流动人口占总人口比重提高了城市化水平，即人口迁移流动是我国城市化水平提高的重要因素；许抄军等（2013）基于1949~2011年时间序列数据，构建生产力水平指标体系，实证发现生产力水平指数每提高1%，城市化水平提高3.115%；李志翠等（2013）基于1978~2010年时间序列数据，利用误差修正模型发现长期产业结构合理化和高级化促进了我国城市化水平提升，但短期产业结构高级化与城市化水平负相关；郑子龙（2013）利用面板门限回归模型发现信息化提高了城镇化水平，但不同地区存在显著差异，固定资产投资及人力资本投资与城镇化水平呈现倒"U"形关系；李永乐等（2014）利用2001~

2005年和2005~2012年省级面板数据发现住宅价格提高不利于城镇化水平提高,且后一阶段影响更为显著;商业用房价格促进了城镇化水平提高,但显著性较低;工业用房价格对城镇化水平的影响则较为复杂;韩淑娟(2014)运用2000~2011年268个城市的面板数据建立个体固定效应模型,发现矿产资源促进了我国人口城市化水平提高,但资源丰裕度不同对不同地区人口城市化水平影响不同;卢丽文等(2014)发现第二、第三产业发展、社会消费品零售总额、人均社会保障和就业及医疗卫生财政支出、区域创新促进了人口城镇化水平提高,城乡收入差距的扩大、城镇固定资产投入和15岁及以上文盲人口比重不利于人口城镇化水平提高。

二、教育对城镇化水平影响的实证研究

目前,关于普通教育对城镇化水平影响的实证文献较少。郭书君和米红(2005)基于时序数据,得出普通高等教育与中国城镇化水平呈正相关的结论;邓艾和刘巍文(2008)利用岭回归、灰色关联和GIS三种方法发现普通中等教育对青海省城镇化水平促进作用最大,但普通高等教育的促进作用正在逐渐增加。这些文献仅是利用时序数据实证分析,没有考虑内生性等问题,也未纳入其他影响城镇化水平的因素。关于职业教育对城镇化水平影响的实证研究则始于2007年,主要有:刘颂等(2007)基于时间序列数据实证分析了高等职业教育对全国和北京城镇化水平的影响;冉云芳(2013)基于2006年和2011年的省际截面数据发现中等职业教育与城镇化水平呈正相关关系,但该研究对象仅为中等职业教育,不够全面;阚大学和吕连菊(2014)基于省级面板数据实证分析了职业教育(高等、中等和初级职业教育)对中国城镇化水平的影响。部分学者还就高等教育对城镇化的影响进行了实证研究,主要是用普通高等教育与高等职业教育规模之和来衡量高等教育,进而分析高等教育对城镇化的影响。如张松林(2009)采用VAR方法,基于30年的时序数据实证发现中国城镇化与高

等教育规模存在长期均衡，后者促进了前者；胡茂波和史静寰（2014）基于1949~2012年数据探讨了高等教育规模与城镇化水平协调发展的进程及趋势，发现只有"二五"时期至"四五"时期（1958~1975年），中国高等教育规模与城镇化水平存在显著相关性，而"一五"时期、"五五"时期至"十一五"时期（1976~2010年）、2011~2012年两者并不存在显著的相关性。

此外，艾米（Aimin，2002）基于中国省级层面数据发现人均受教育水平有助于中国和东中西部地区城镇化水平的提高；王家庭和崔凤玉（2010）基于时间序列数据，利用协整检验和格兰杰因果关系检验法实证发现研究生教育、普通高等教育、中专教育、技工教育和职业中学教育是中国城镇化的格兰杰原因，除研究生教育，其他教育与城镇化水平均存在协整关系，其中普通高等教育和中专教育提高了城镇化水平，技工教育和职业中学教育降低了城镇化水平。

第三节　教育对城镇化质量影响的实证研究

一、城镇化质量测度研究

对于城镇化质量的测度，目前已有很多学者构建了不同指标体系来衡量，比较有代表性的为：叶裕民（2001）、赵海燕（2007）、李成群（2007）、王忠诚（2008）和许宏（2009）等从经济现代化、基础设施现代化、人的现代化和城乡一体化四方面构建指标体系来测度；袁晓玲（2008）、何文举（2009）等从物质文明、精神文明和生态文明三个方面构建指标体系来测度；顾朝林（2008）等从人口城市化、经济城市化、生活方式城市化和地域景观城市化四个方面构建指标体系来测度；韩增林（2009）、于涛（2010）、徐素（2011）、庞玉珍（2011）从经济发展质量、城市生活质量、社会发展质量、基础设施质量、生态环境质量、城乡与地区统筹质量六个方面构建指标体系来测度；李明秋（2010）等从城市发展质量、城市化效率和城乡一体化程度三个方面构建指标体系来测度；方创琳（2011）、王德利（2011）等从经济城市化发展质量、社会城市化发展质量、空间城市化保障质量三个方面构建指标体系来测度；王洋（2012）等从人口城镇化、经济城镇化、社会城镇化三个方面构建指标体系来测度；陈明（2012）等从城乡统筹、综合承载、推进效率、生态环境和社会和谐五个方面构建指标体系来测度；魏后凯等（2013）围绕城镇自身发展质量、城镇化推进效率和城乡协调程度三个方面来测度城镇化质量。上述文献衡量城镇化质量的这些指标体系看似差异较大，其实由子指标可发现上述衡量指标体系极其相似。

二、城镇化质量影响因素的实证研究

罗茜（2008）基于1993～2006年城市数据，构建城市化质量衡量指标体系，实证研究了FDI对城市化质量的影响，结果发现FDI对城市化质量的推动作用显著；黄娟（2011）基于2003～2007年21个城市数据，运用因子分析法对影响城市化质量的诸因素进行甄选，发现在城市化质量较高的城市，实际利用FDI促进了城市化质量提高，在城市化质量较低的城市，实际利用FDI对城市化质量提高作用较小，甚至为负面影响；刘洋等（2013）基于1993～2011年数据，运用误差修正模型实证研究了资源消耗对湖南省城市化质量的影响，结果发现短期内资源消耗对城市化质量无显著影响，而长期资源消耗程度的提高不利于提高城市化质量，此外，平均就业人数增加有利于城市化质量提高。

三、教育对城镇化质量影响的实证研究

孙哲和王家庭（2014）利用2011年数据，验证了区域高等教育是否

在人才培养、科技研发和社会资本培育三个方面提升了"人的城镇化"水平，并将高等教育分为普通高等教育与高等职业教育进行进一步验证；阚大学和吕连菊（2014）利用 Sys-GMM 法，基于 1992~2012 年城市动态面板数据，就职业教育对中部地区城镇化质量的影响进行实证研究，发现职业教育促进了中部地区城镇化质量提高。其中，中等教育和高等职业教育发挥了积极影响，且 2001 年前中等职业教育的促进作用大，2001 年后高等职业教育的促进作用大。分城市看，职业教育有助于提高省会城市和地级市城镇化质量，但在县级市却未表现出现类似影响。其中，职业教育在 2001 年前对省会城市城镇化质量的促进作用大，2001 年后则是在地级城市发挥较重要的作用。相对于地级城市，省会城市的中等职业教育在 2001 年前对城镇化质量的促进作用更显著，而在 2001 年后高等职业教育则表现显著。样本期内，省会城市、地级市和县级市的初等职业教育均未在提高城镇化质量方面有明显影响。

第四节　城镇化结构研究

一、城镇规模结构现状研究

目前，关于城镇规模结构现状的实证研究成果较为丰富。班茂盛和祁巍锋（2004）以分形理论为基础，基于全国第四次和第五次人口普查数据测算了浙江省城市规模结构，发现该省城市规模分布维数上升，整个城镇体系等级差异性减小，规模分布趋于均衡；张虹鸥等（2006）采用首位度指数、回归斜率、基尼系数等多项指标测度了珠江三角洲城市群 1993~2003 年的城市规模结构，发现珠江三角洲城市群的城市人口规模趋于分散，经济规模则趋于集中；朱士鹏等（2009）运用分形理论测度了广西北部湾经济区的城镇规模分布情况，发现城镇规模分布比较分散，首位城市垄断性较强，缺乏大城市和中等城市，城镇体系存在中间层次的严重断层；王颖等（2011）基于1990~2008年的城市人口数据，利用城市首位度指数、位序—规模法则、城市基尼系数对东北地区城市规模分布进行了测度，发现东北地区城市规模等级结构呈阶段性、层级递进式演变，各城市首位度指数较低且不断下降，1996~2008年城市规模分布总体趋于合理；刘源和刘培森（2011）基于1990~2008年成渝经济区数据，运用城市首位度指数和位序—规模法则测算了其城镇规模结构，发现成渝经济区城市规模分布趋向集中，超大城市数量少，且人口规模大，城市规模等级层次断层，中小城市发展较为成熟；武彦民和杨峥（2012）基于1999~2009年31个省域面板数据对中国城市成本收益模型进行实证分析，发现26个省域低于估算的最优城市人口密度；杨勃和石培基（2013）基于2000~2011年甘肃非农人口数据，利用城市首位度指数、位序—规模法则和基尼系数测算了甘肃城市规模结构，发现衡量甘肃城市规模结构的各城市指数下降，样本期间位序—规模法则分布不适用甘肃城市规模，其城市体系一直保持首位分布；刘耀彬等（2013）运用结构分析方法和非参数检验对环鄱阳湖城市群城市规模结构进行测度，发现环鄱阳湖城市群首位城市影响较大，占主导地位，中间城市出现严重断层现象，中小城市规模较小，但其晋升为大城市速度加快，城市规模分布接近 Zipf 的理想分布状态；程开明和庄燕杰（2013）采用首位度指数、基尼系数及马尔可夫转移矩阵测度了中部地区城市体系规模分布情况，结果发现1985~2010年中部地区城市首位度指数先上升后下降，武汉市首位城市地位未变但呈弱化趋势，城市体系规模分布相对均衡；郭志仪和石瑾（2014）运用城市流强度方法计算了甘肃省地级城市流强度，并据此将城镇体系规模等级结构划分为三个层次：一是一级中心城市兰州，城市流强度值最高；二是二级中心城市酒泉和庆阳，城市流强度值较低；三是三级中心城市平凉等其他城市，城市流强度值极低。此外，雷菁等（2006）、刘晓丽和王发曾（2006）、江曼琦等（2006）、喻定权和陈群元（2006）、邢海虹和刘科伟（2007）、那伟和刘继生（2007）、叶玉瑶和张虹鸥（2008）、崔世林等（2009）、布瑞恩和亚当（Brian and Adam, 2012)、孙在宏等（2012）、曹迎春和张玉坤（2015）等利用首位度指数、Zipf 法则、基尼系数、分形理论、熵值法、城市流强度、Kernel 密度等测度方法分别研究了江西、中原城市群、吉林、江苏、湖南、陕西、河北等不同区域的城镇化规模结构，其中以西部区域为样本的测度大多发现首位城市垄断性较强，城镇规模结构存在断层。凡（Fan, 1999）、宋顺锋和张凯浩（Song and Zhang, 2002）、安德森和格（Anderson and Ge, 2005）、陈志鹏和傅十和（Chen and Fu, 2006）则实证发现中国整体 Pareto 指数逐年提高，城市规模分布趋向集中，城市规模分布趋于均衡；而马智利和王银彩（2005）、张涛和李波（2007）、简新华和黄锟（2010）、王小鲁（2010）、朱顺娟和郑伯红（2014）、苗洪亮（2014）等计算发现中国城市规模分布整体较为分散，城市规模分布存在明显的阶段性和区域差异性。

二、城镇规模结构影响效应研究

目前，学术界主要关注的是城镇规模分布的资源配置效应、集聚效应和经济增长效应。如布雷克曼等（Brakman et al., 2001）、亨德森（Henderson, 2002a、2002b）、迪朗东和普加（Duranton and Puga, 2004）等研究发现城镇规模结构失衡导致资源配置效率下降，不利于知识积累和传播，对经济增长产生了负面影响；余宇莹和余宇新（2012）基于 2003～2008 年地级城市面板数据，利用系统广义矩估计法发现东部和中西部城市规模分布的集聚效应存在差异；谢小平和王贤彬（2012）以首位度指数和赫芬达尔指数衡量城镇规模分布状况，利用 2000～2009 年省级动态面板数据实证研究了中国城镇规模分布对经济增长的影响，发现两者存在倒"U"形关系。

三、最佳城镇规模研究

目前这方面文献颇多，具有代表性的有亨德森等（Henderson et al.,

2001)、王小鲁和夏小林(2002)、金相郁(2004)、安虎森和邹璇(2008)、李晓燕和谢长青(2009)、亨德森(Henderson,2003、2010)、肖文和王平(2011)、武彦民和杨峥(2012)、王俊和李佐军(2014)等从外部成本、外部规模经济、集聚效应、市场拥挤效应、贸易成本、土地财政等视角实证了最佳城市规模及其影响因素。

四、城镇化规模结构影响因素研究

亨德森和巴克尔(Henderson and Backer,2000)、戴维斯和亨德森(Davis and Henderson,2003)、迪朗东(Duranton,2007)研究发现运输成本、对外开放和政府制定的倾斜政策等因素共同塑造了现有的城镇化规模结构;李娟文和刘耀彬(2002)利用分形理论中的分维数测度了湖北城镇规模结构,并基于1990~1998年数据,发现投资水平和城市发展政策是湖北城镇规模结构的重要影响因素;江曼琦(2004)研究了人口迁移对城镇规模结构的影响;高鸿鹰和武康平(2006)基于1997年、2000年和2003年数据,运用OLS法实证发现工业化、产业结构和运输能力对城市规模结构具有显著影响;高鸿鹰和武康平(2007)基于1995~2004年数据,实证发现集聚效应和集聚效率对城镇规模分布变化产生了重要影响,其中城市集聚效率与城镇规模分布变化一致;奥和亨德森(Au and Henderson,2006)则研究发现计划生育政策以及相应城市规模限制政策导致了城镇规模分布较为分散;亨德森和维纳布尔斯(Henderson and Venables,2009)、丘伯尔(Cuber,2011)等研究了经济发展阶段对城镇化规模结构的影响;张志强(2010)基于1990~2007年211个地级以上城市面板数据实证发现政府干预政策对中国城市规模分布演化效应显著,固定资产投资和财政支出效应最强,运输成本、对外贸易和信息通信技术也具有显著的正效应;曹跃群和刘培森(2011)基于2008年城市截面数据,运用OLS法实证发现区位条件因素对城市规模影响显著,资本投入、科技水平、产业结构和外资有助于城市规模分布均衡化；覃一冬（2012）利用 2003～2009 年中国 284 个地级以上城市面板数据实证发现，经济地理因素、新经济地理因素与经济政策因素均显著影响城市人口规模分布；盛科荣等（2013）基于跨国截面数据实证研究了人口规模、人均 GDP、对外经济联系、基础设施条件和民主化程度对城市规模分布的影响；余吉祥等（2013）使用第六次全国人口普查数据，实证发现劳动力流动促进了珠三角城市规模分布趋于集中；王贤彬等（2014）则以国有经济比重衡量国家管制程度，基于 2000～2009 年省级面板数据，实证发现全面国家管制致使城市规模分布分散化，放松管制降低了大城市的居民数比重。

第五节　简要评价

由以上文献可知，关于教育与城镇化互动关系的理论分析成果较为丰富，为研究开展提供了扎实的理论基础，但理论分析并未涉及教育对城镇化结构的影响机理，同时迄今为止在定量实证研究上仍没有标志性的成果，并且现有研究成果也基本上是关注普通教育与职业教育对城镇化水平影响的实证研究，很少涉及对城镇化质量和结构影响的实证研究。其中，关于城镇化结构的文献主要集中在城镇规模结构测度与影响、最佳城镇规模测度及影响因素和城镇化规模结构影响因素方面。这些文献为研究奠定了翔实的基础，但文献中对于城镇化规模结构影响因素的实证研究多是基于截面数据，基于面板数据的文献也尚未考虑到内生性问题，且所有文献均未考虑教育因素的影响。关于普通高等、中等、初等教育及高等、中等和初等职业教育对中国城镇化的影响也未涉及。即现有研究并未能准确告诉我们普通教育与职业教育不同层次对中国城镇化水平、质量和结构究竟有何影响。所以，有必要研究普通教育与职业教育不同层次对中国城镇化的影响，更有必要比较分析普通教育与职业教育不同层次对中国不同地区、不同类型城市城镇化的影响。

第三章

中国教育与城镇化进程的现状与问题

第一节 中国普通教育的现状与问题①

一、中国普通教育现状

1978年以来,中国普通教育取得显著成绩。2013年,普通教育在校生和毕业生规模达22911.81万人,约占总人口的16.838%,其中,普通高等、中等和初等教育在校生、毕业生规模分别为2014.35万人、9236.5万人、11660.96万人,分别占总人口的1.480%、6.788%和8.570%。分区域看,2013年,东部、中部、西部地区普通教育在校生和毕业生规模分别为8254.9万人、7165.23万人、7491.68万人,约占各地区人口的14.686%、16.792%和20.448%。其中,东部地区普通高等、中等和初等教育在校生、毕业生规模分别为798.25万人、3375.51万人、4081.14万人,占其人口的1.420%、6.005%和7.261%;中部地区普通高等、中等和初等教育在校生和毕业生规模分别为586.46万人、2979.7

---

① 本节数据源于《2013年国民经济和社会发展统计公报》《中国统计年鉴》和《中国教育统计年鉴》。

万人、3599.07万人，占其人口的1.374%、6.983%和8.435%；西部地区普通高等、中等和初等教育在校生、毕业生规模分别为629.64万人、2881.29万人、3980.75万人，占其人口的1.719%、7.864%和10.865%。相对改革开放初期数据，中国东部、中部、西部地区普通教育规模大幅提高。

二、中国普通教育存在的问题

（一）普通高等教育存在主要问题

伴随着普通高等教育的快速发展，我国普通高等教育出现了一系列问题。首先，高等教育资源不足，教育资源区域分配不合理。高等教育资源不足，相对于发达国家对高等教育的投入，我国的普通高等教育投入还比较低；师资力量不足，制约了高等教育良性发展。1999年高校扩招以来，我国普通高校生师比增长了69.21%，1996年我国高校生师比为10.36∶1，2013年生师比则上升到17.53∶1。其次，教育资源区域及其内部分配均不合理，主要表现在两个方面：一是东部地区教育资源较为丰富，中西部地区教育资源不足。从重点高校的数量、普通高等教育经费投入、生师比和普通高等院校的软硬件条件均可看出，如"211"和"985"高校数量主要集中在东部北京、上海、江苏等地区；在中西部地区的"211"高校如江西、广西、贵州、云南等地区只有1所，不少地区1所"985"高校也没有，由于"985"和"211"高校对本地生源的照顾，从而加剧了我国高等教育在区域上的不平等。又如2009~2013年数据显示，"211"和"985"高校享有全国七成的政府科研经费，其中"211"高校占19.3%，为510.66亿元；"985"高校占52.7%，为1394.94亿元；其他高校仅占28%，为742.1亿元。而"211"和"985"高校的数量只占全国高校总量的14.3%。因此，中西部地区及经济不发达地区的普通高等教育发展面临着被边缘化的困境。二是普通高等教育资源投资效益较低。主要表现为众多高校将教育经费用在基础设施建设上，真正用于教学设施改善的比重较小；普通高等教育的创新力不足,一方面是现行的普通高等教育模式和人才培养模式不合理致使接受普通高等教育的学生的实践能力、创新能力不足,亟待提高;另一方面是普通高等院校教师,尤其是创新能力较强的青年教师收入整体偏低,致使教师难以专心从事科学研究。另外,目前普通高等院校的年度教学科研考核体制和职称评聘体制过于量化,难以让教师专心于科研,导致短期行为、急功近利,加上学术诚信与学术素质教育缺失,出现了众多学术不端行为。再次,高校行政化、学者官僚化现象较为突出,学术腐败现象也是层出不穷,在科研项目成果申报、重点实验室建设、论文发表、职称评定等存在拉关系、论资排辈现象,造成公正性缺失,制约了科研能力强的人才脱颖而出,不利于创新。最后,高校定位不清晰,办学理念滞后,教学质量下降,就业问题突出。伴随着高等教育扩招,不少普通高等院校定位失衡,不考虑师资力量和教学设施等情况,随众追逐开设热门学科专业,且在培养期间教学理念和教学方法滞后,教学内容和市场需要不相符合,致使学生动手能力和工程实践能力较差,教学质量下降,就业问题突出。

(二)普通中等教育存在主要问题

近年来,我国普通中等教育发展迅速,同时也出现了一些有待解决的问题。一是普通中等教育经费投入不足,投入不均衡,个人分担比例较高。首先,经费投入不断增长,但依然相对不足,主要是长期以来,我国高度重视高等教育发展和近年来政府对义务教育关注程度的提高,致使在教育经费投入中,义务教育和高等教育经费投入所占比重较高,普通中等教育经费投入所占比重最低,2011年仅为15.11%,远低于义务教育(36.43%)和高等教育(42.54%)的比例。其次,教育资源投入不均衡。主要表现为地区之间不均衡、城乡之间不均衡和学校之间不均衡。目前,现行地方负责的普通中等教育经费投入机制导致了现有的三种不均衡,经济发达的东部地区普通中等学校能够多渠道筹资获得更多经费投入,同样城市普通中等学校和重点普通中等学校也能多渠道筹资获得更多经费投入,并且由于重点普通中等学校多分布在城市，进一步造成了教育经费投入的"马太效应"，加剧了不均衡。最后，普通中等教育经费成本分担个人比例较高，政府分担比例趋于下降。2007年普通高中学杂费占其教育经费投入的26.62%，2011年下降为18.23%，但相对其他国家而言，这一比例过高，如大多数经合组织成员的公立高中是免费的，韩国公立高中学费占生均经费的比例为7%~16%，日本公立高中学费占生均经费的比例为7.7%，且还有各种奖学金、助学金以及学费减免。此外，相对我国城镇居民可支配收入和农民人均纯收入而言，我国普通高中学费、生活费和资料费所占比重过高。据不完全统计，约占城镇居民可支配收入的1/3，大约是一年的农村人均纯收入。二是普通中等学校师资数量不足，素质有待进一步提升。2013年，我国普通高中教育生师比为14.95∶1，相对2004年的18.65∶1有较大改善，但仍然比例较高。专职教师学历合格率为96.80%，相比2012年提高了0.36个百分点，但低于初等教育和高等教育教师学历合格率。师资质量不高还表现在高等师范院校培养的学生职业适应能力较差，需要较长时间来适应学校教学工作的要求。三是普通中等学校办学形式单一。主要表现为公办中等学校较多，民办中等学校较少，尤其是在中西部地区更为突出。以云南省为例，民办高中数量仅约占普通高中学校数量的7%。此外，我国普通中等教育还存在一些问题，如普通高中教育应试倾向依然严重，绝大多数学校尤其是农村普通高中依然将应试作为学校一切活动的主旋律。

第二节　中国职业教育的现状与问题[①]

一、中国职业教育现状

职业教育包括学校职业教育和职业培训，在研究中，职业教育主要是

[①] 本节数据源于《2013年国民经济和社会发展统计公报》《中国统计年鉴》和《中国教育统计年鉴》。

指学校职业教育，是指受训人在各级、各类职业院校所接受的专门、系统的有关职业道德、文化理论、专业技能的教育。目前，我国学校职业教育划分为初等职业教育、中等职业教育及高等职业教育三个层次，分别对应培养不同层次的职业人才。高等职业教育主要培养高层次技能型人才，包括高等专科学校、高等职业技术学院、职业大学和部分普通高等学校的职业技术学院等。中等职业教育主要任务是培养具有一定专业理论知识和应用技能的技术人员、管理人员及其他专业人员，包括普通中等专业学校、技工学校和职业高中。改革开放以来，我国职业教育取得显著成绩。2013年，我国职业教育在校生和毕业生规模达3967.54万人，占总人口的2.916%，其中，高等、中等和初等职业教育在校生、毕业生规模分别为1323.25万人、2638.3万人、5.99万人，占总人口的0.973%、1.939%和0.004%。分区域看，2013年，东部、中部、西部地区职业教育在校生、毕业生规模分别为1372.381万人、1071.064万人、1524.095万人，约占各地区人口的2.442%、2.510%和4.160%。其中，东部地区高等、中等和初等职业教育在校生、毕业生规模分别为552.78万人、819.56万人、0.041万人，占其人口的0.983%、1.458%和0.0001%；中部地区高等、中等和初等职业教育在校生、毕业生规模分别为431.48万人、637.79万人、1.794万人，占其人口的1.011%、1.495%和0.0042%；西部地区高等、中等和初等职业教育在校生、毕业生规模分别为338.99万人、1180.95万人、4.1549万人，占其人口的0.925%、3.223%和0.011%。

二、中国职业教育存在的问题

（一）职业院校平均规模较小，师资队伍不足和水平不高

2013年，我国专科院校共1321所，其中，高职类院校1143所，平均在校生规模约7370人，与我国普通高等本科院校平均在校生规模12773人相比，差距较为明显；中等职业教育学校数12262所，平均在校生规模约

1568 人，均远低于高中学校数 13963 所和其平均在校生数 3267 人。除了高职和中职类院校在校生规模较小外，职业院校师资队伍不足。2013 年，我国高等职业学校教职工 63 万人，教职工生师比为 15.46∶1，其中，专任教师 44 万人，专任教师生师比为 22.13∶1；我国中等职业学校教职工 115 万人，教职工生师比为 16.72∶1，其中专任教师 87 万人，专任教师生师比为 22.10∶1，按照教育部规定的职业教育教职工生师比 12.5∶1 及专业教师生师比 16∶1 的标准，根据 2013 年我国高职院校在校生 973.6373 万人和中等职业学校在校生 1922.9706 万人计算，高职院校教职工约少 14.89 万人，专任教师约少 16.85 万人，中等职业学校教职工约少 38.84 万人，专任教师约少 33.19 万人。另外，高职院校质量水平整体不高，主要表现为"两低一少"：一是学历、职称低，不少高职院校硕士、博士、教授比例很低。以职称为例，全国高职院校正高级职称教师比例不足 5%，副高级和讲师职称教师比例分别约为 25.03%、36.46%，低于普通本科高校平均水平；普通高校正高级、副高级和讲师职称比例平均水平分别约为 12.13%、28.88%、39.88%。二是高职院校教师专业技能素质低，"双师型"教师队伍尚未形成，既能教授专业理论，又能熟练指导技能操作的教师很少，与教育部规定的"双师型"教师 42% 的比例相差较远。现在许多高职院校虽然打的是"双师型"牌，但实际上很多教师均毕业于普通高等院校，缺乏较深的行业背景和实际操作能力。而中等职业学校"双师型"教师队伍也尚未形成，许多职高教师都是从普通中学或农村中学进城的教师。

（二）职业院校经费投放不足，办学条件较差

首先，就高职院校经费而言，据调查，我国独立监制的高职院校年生均经费最多的仅 4000 多元，最少的仅 2600 元，至于本科院校、成人高校招收的新生，其教育经费更是主要依靠学费，投入更显不足。相当多的高职院校学费收入只占学校正常经费的 50% 左右，经费缺口较大。

高职院校经费投放不足以致实习实训设施设备不足,难以满足专业实训教学的实际需要。如一些刚建不久的高职院校的数控专业没有实习车间,也没有较具规模和实力的工厂、企业作为实训基地,数控机床台套数不足,加工金属零件较少,大多都是用蜡作为替代材料,学生在校实训时间总共不到3周。就中职学校经费而言,一般由于中职专业教学成本高,中职办学经费是普通高中办学经费的2~3倍,但实际上中职学校经费远低于普通高中。2011年,中职学校教育经费支出1638.50亿元,平均生均经费7429.74元;普通高中教育经费支出为2494.36亿元,平均生均经费10240.07元;中职学校平均生均经费只有普通高中的72.55%。其中,中职学校国家财政性教育经费为1259.06亿元,平均生均国家财政性教育经费为5709.19元;普通高中为1799.96亿元,平均生均国家财政性教育经费为7389.36元。中职学校平均生均财政性教育经费只有普通高中的77.26%。

(三) 培养模式单一,校企合作浮于形式

虽然我国在高等职业教育的人才培养模式上提倡校企合作,但是目前很多校企合作仅限于顶岗实习、建立实训基地等浅层次合作。有些校企合作更进一步,如在学校里投资建车间,但也存在一些问题,如考虑到投入和回报相差很大,企业对投入的设备很难做到及时更新等。我国在中职教育上也积极推进校企合作办学,但很多校企合作也停留在浅层次上,流于形式,校企合作普遍存在学校热、企业冷的现象,企业对校企合作办学主动性差。中职学校是直接为企业培养技能人才,需要企业积极主动地全程参与和支持,但企业出于成本考虑,往往只管用人,不愿承担培养的职责。

(四) 职业教育区域分布不均

首先,就高等职业教育而言,2013年,我国在校生数和毕业生数为

1323.25万人，占总人口数的0.973%。分区域来看，东部地区高等职业教育在校生数和毕业生数为552.78万人，占该地区总人口的0.983%。其中，天津高等职业教育在校生数和毕业生数占天津总人口数比重最大为1.50%，北京占比最低为0.68%，可见高等职业教育在校生数和毕业生数在东部地区分布不均。中部地区高等职业教育在校生数和毕业生数为431.48万人，占该地区总人口的1.011%。其中，湖北占比最大为1.29%，吉林占比最低为0.68%，可见高等职业教育在校生数和毕业生数在中部地区分布不均。西部地区高等职业教育在校生数和毕业生数为338.99万人，占该地区总人口的0.925%。其中，陕西占比最大为1.35%，青海占比最低为0.398%，可见高等职业教育在校生数和毕业生数在西部地区分布同样不均。其次，就中等职业教育而言，我国在校生数和毕业生数为2638.3万人，占总人口的1.939%。分区域来看，东部地区的中等职业教育在校生数和毕业生数为819.56万人，占该地区总人口的1.458%。其中，海南占比最大为2.02%，上海占比最低为0.84%，可见中等职业教育在校生数和毕业生数在东部地区分布不均。中部地区的中等职业教育在校生数和毕业生数为637.79万人，占该地区总人口的1.495%。其中，河南占比最大为1.81%，黑龙江占比最低为0.95%，可见中等职业教育在校生数和毕业生数在中部地区分布不均。西部地区的中等职业教育在校生数和毕业生数为1180.95万人，占该地区总人口的3.223%。其中，宁夏占比最大为3.89%，西藏占比最低为1.65%，可见中等职业教育在校生数和毕业生数在西部地区同样分布不均。最后，就初等职业教育而言，我国在校生数和毕业生数为5.99万人，其中东部地区在校生数和毕业生数为0.041万人，平均每省在校生数和毕业生数约为37.27人；中部地区在校生数和毕业生数为1.794万人，平均每省在校生数和毕业生数约为2242.5人；西部地区在校生数和毕业生数则为4.1549万人，平均每省在校生数和毕业生数约为3462.42人。由此可见，高等、中等和初等职业教育在东部、中部、西部地区均分布不均衡,特别是高等职业教育和初等职业教育。

(五) 其他问题

就高等职业教育而言,高职院校对高职规律认识模糊。虽然有一些本科院校、成人学校和专科学校也承担了高职招生培养任务,但由于起步仓促,对高等职业教育的基本规律、办学特色、教学模式等普遍缺乏认识,在其发展动因中"应付扩招增加创收"的因素较多,对高职的社会声誉及持续健康发展有消极影响。并且社会对高职的认同程度很低,甚至有人认为高职就是职高的翻版,以致部分院校高职新生报到率只有5~6成,缺乏稳定的生源。

就中等职业教育而言,多头管理不利于中等职业教育发展。在一些省份,省教育厅管理普通中专和成人中专,设区市教育行政部门管理职业高中,劳动部门管理技工学校和职业培训机构。由于管理部门的多头,造成政出多门,互相竞争,造成收费标准不统一、教师待遇不统一、拨款标准不统一、学籍管理不统一、办学要求不统一,进而不利于中等职业教育健康发展。

第三节 中国城镇化进程的现状与问题

一、城镇化水平的现状与问题

1978年以来,我国城镇化水平大幅提高,城镇化率由1978年的17.92%,增长到2014年的54.77%,达到世界平均水平,城镇常住人口达到7.4916亿人(见表3-1)。相对1978~1984年"先进城后建城"的第一阶段、1985~1991年以发展新城镇为主的第二阶段、1992~2001年发展小城镇和建设经济开发区的第三阶段而言,目前,我国城镇化进程处于第四阶段,即 2002 年至今,这一阶段我国城镇化进程明显加快,城镇化水平显著增长,平均每年约以 1.35% 的速度增长,高于同期世界城镇化水平年均增幅 6 倍。

表3-1　　　　　　　　1978~2014 年中国城镇化率　　　　　　　单位:%

年 份	城镇化率	年 份	城镇化率
1978	17.92	1997	31.91
1979	18.96	1998	33.35
1980	19.39	1999	34.78
1981	20.16	2000	36.22
1982	21.13	2001	37.66
1983	21.62	2002	39.09
1984	23.01	2003	40.53
1985	23.71	2004	41.76
1986	24.52	2005	42.99
1987	25.32	2006	44.34
1988	25.81	2007	45.89
1989	26.21	2008	46.99
1990	26.41	2009	48.34
1991	26.94	2010	49.95
1992	27.46	2011	51.27
1993	27.99	2012	52.57
1994	28.51	2013	53.73
1995	29.04	2014	54.77
1996	30.48		

资料来源:《中国统计年鉴 2015 年》。

当前,我国城镇化水平呈现出一些特点,首先,我国城镇化进程正沿

第三章 中国教育与城镇化进程的现状与问题

着"纳瑟姆曲线"变动。① 由表3-1可知，1978年以来，在政府大力推动下，中国城镇化水平快速发展，1996年，城镇化率突破30%，城镇化进入加速发展阶段。到2014年，我国城镇化率年均增速1.37%，我国进入城镇化加速阶段中期，预计到2025年中国城镇化率将超过70%，进入城镇化成熟阶段。其次，土地城镇化快于人口城镇化。目前，我国城镇化主要是依靠政府的造城运动来推动的，政府通过征地方式将大量农村土地转变为新区建设用地、经济开发区建设用地、大学城建设用地和城中村改造用地。依据《中国统计年鉴》数据计算可知，1996~2011年我国城镇人口增加了85%，年均增速0.64%，而与之相伴随的是同期城市建成区面积从20214平方公里增加到43603平方公里，土地城镇化水平增长了116%，年均增速5.35%。可见，土地城镇化增速比人口城镇化增速高出4.71个百分点。再次，东部、中部、西部地区城镇化发展模式各不相同。东部地区由于基础配套设施相对完善，接近国际市场，经济开放度高，因此，东部地区一方面利用国际市场发展京津唐、长三角、山东半岛、珠三角、闽东南等城镇密集地区，另一方面依靠便捷的交通和通信网络将中小城市与区域核心城市联结成为统一的城市网络。可见东部地区选择的是"国际化、网络化"的城镇化发展模式。中部地区则选择的是"沿线—平原—轴带"的城镇化发展模式，即以京九、京广、长江、陇海等沿线地区为重点，充实中心城市，适量增设一些中小城市，培育发展了城镇密集区，如中原地区、松嫩平原、江汉平原、湘中地区等，同时积极发展了一些省域城镇发展轴带，如南昌—九江、太原—大同—侯马等。西部地区城镇化发展模式往往是以省份中心城市为核心，适度增设一些县级市，并利用长江水道、亚欧大陆桥、西南出海通道等主要交通干线，促进城镇化发展。② 最后，城市空间形

---

① 纳瑟姆（1979）在对发达国家城镇化进程研究基础上发现大多数发达国家城镇化进程类似上升的正弦波曲线。

② 刘盛和、蒋芳芳、张擎：《我国城镇化发展的区域差异及协调发展对策》，载于《人口研究》，2007年第5期，第7~19页。

态向城市群发展转变，我国城镇化增长的重心也由东部地区开始向中西部地区转移。

分区域来看，从表3-2可知，首先，2013年东部地区的城镇人口占总人口比重为63.09%，高于全国城镇化水平9.36个百分点。其中，上海城镇人口占总人口比重高达89.61%，最低的河北省城镇人口占总人口比重仅为48.11%，两者相差41.5个百分点，并且河北省城镇化水平比当年全国平均水平低了5.62个百分点，此外，海南城镇化水平也低于全国平均水平。可见东部地区的城镇化水平不均衡，差距较大。其次，对于中部地区而言，2013年，中部地区的城镇人口占总人口比重为49.66%，低于全国城镇化水平53.73%，其中，黑龙江、吉林和湖北城镇人口占总人口比重均高于全国平均水平，分别为57.39%、54.20%和54.51%，黑龙江最高，湖南、安徽、山西、江西和河南城镇人口占总人口比重均低于全国平均水平，其中河南最低，仅为43.80%，比全国城镇化水平低了9.93个百分点，比最高省份黑龙江低了13.59个百分点。可见中部地区的城镇化水平较为滞后，且其城镇化水平不均衡，差距较大。再次，对于西部地区而言，2013年，西部地区的城镇人口占总人口比重为45.98%，低于全国平均水平7.75个百分点，只有内蒙古和重庆城镇人口占总人口比重高于全国平均水平，其中内蒙古最高为58.69%，重庆为58.35%，西部其他地区城镇人口占总人口比重均低于全国平均水平，其中西藏最低仅为23.72%，与全国平均水平相差30.01个百分点，与最高的内蒙古相差34.97个百分点。可见西部地区的城镇化水平更为滞后，也不均衡，差距较大。进一步分析上述数据可知我国城镇化水平存在的主要问题：一方面，我国城镇化水平与常态经济发展对应的城镇化正常水平65.8%还存在较大差距，其中，东部地区差距最小，中部次之，西部最大；另一方面，我国城镇化水平区域分布严重不均衡，东部、中部、西部地区城镇化水平差距较大，其中，东部与中部地区城镇化水平相差13.43个百分点，与西部地区城镇化水平更是相差17.11个百分点。此外，东部、中部、西部地区内部地区间

第三章 中国教育与城镇化进程的现状与问题

的城镇化水平差距较大。

表3-2　　　　　　2000~2013年各地区城镇化率　　　　　单位:%

地　区	2000年	2005年	2010年	2011年	2012年	2013年
全　国	36.22	42.99	49.95	51.27	52.57	53.73
北　京	77.54	83.62	85.96	86.20	86.20	86.29
天　津	71.99	75.11	79.55	80.50	81.55	82.00
河　北	26.08	37.69	44.50	45.60	46.80	48.11
山　西	34.91	42.11	48.05	49.68	51.26	52.56
内蒙古	42.68	47.20	55.50	56.62	57.74	58.69
辽　宁	54.24	58.70	62.10	64.05	65.65	66.45
吉　林	49.68	52.52	53.35	53.40	53.70	54.20
黑龙江	51.54	53.10	55.66	56.50	56.90	57.39
上　海	88.31	89.09	89.30	89.30	89.30	89.61
江　苏	41.49	50.50	60.58	61.90	63.00	64.11
浙　江	48.67	56.02	61.62	62.30	63.20	64.01
安　徽	27.81	35.50	43.01	44.80	46.50	47.86
福　建	41.57	49.40	57.10	58.10	59.60	60.76
江　西	27.67	37.00	44.06	45.70	47.51	48.87
山　东	38.00	45.00	49.70	50.95	52.43	53.76
河　南	23.20	30.65	38.50	40.57	42.43	43.80
湖　北	40.22	43.20	49.70	51.83	53.50	54.51
湖　南	29.75	37.00	43.30	45.10	46.65	47.96
广　东	55.00	60.68	66.18	66.50	67.40	67.76
广　西	28.15	33.62	40.00	41.80	43.53	44.82
海　南	40.11	45.20	49.80	50.50	51.60	52.74
重　庆	33.09	45.20	53.02	55.02	56.98	58.35
四　川	26.69	33.00	40.18	41.83	43.53	44.90
贵　州	23.87	26.87	33.81	34.96	36.41	37.84

续表

地区	2000年	2005年	2010年	2011年	2012年	2013年
云南	23.36	29.50	34.70	36.80	39.31	40.47
西藏	18.93	20.85	22.67	22.71	22.75	23.72
陕西	32.26	37.23	45.76	47.30	50.02	51.30
甘肃	24.01	30.02	36.12	37.15	38.75	40.12
青海	34.76	39.25	44.72	46.22	47.44	48.44
宁夏	32.43	42.28	47.90	49.82	50.67	51.99
新疆	33.82	37.15	43.01	43.54	43.98	44.48

资料来源：《中国统计年鉴2014年》。

从表3-2还可以进一步发现，截至2013年底，已有18个地区的城镇化水平超过50%，6个地区城镇化水平超过60%，北京、上海、天津三市城镇化水平已经超过80%；就城镇化发展速度而言，西部地区城镇化发展速度最快，中部次之，东部最慢，与2012年相比，2013年东、中、西部地区城镇化水平分别上升了0.93个、1.17个和1.24个百分点。虽然近年来中部、西部城镇化水平提高较快，但相对于东部地区，差距还是较为明显。

上述三大地区城镇化水平不均衡主要是由于区域间自然环境、区域条件、经济发展水平、人口分布与增长、区域发展政策等因素造成的。其中，自然环境在区域分布上的差异整体上奠定了不同地区城镇化差异的宏观格局和长期发展趋势；人口在区域内的分布状况和增长速度也直接影响了城镇化水平的区域差异，采用总人口和城镇人口地区分布差异指数计算发现，2000~2013年该差异指数的减少幅度约为4.1，比1990~2000年的减少幅度要多0.9，可见中国总人口与城镇人口的空间关联性越来越强，空间分离程度越来越低。区域经济发展水平差异及其对城镇化水平的拉动效率差异，是形成中国城镇化区域差异的根本因素。基于1990~2013年省级动态面板数据发现，东部地区经济增长促进城镇化水平的作用较高，中部、西部地区则比较低,是由不同地区的产业结构、经济类型不同导致的。东部地区服务业发达,制造业比重较高,经济发展对劳动力的需求强劲,很好吸收了农村劳动力,显著提高了城镇化程度;中部、西部地区产业结构滞后,第一、第二产业所占比重较高,服务业比重低,导致中部、西部地区经济发展没有很好地促进农村劳动力转移,对城镇化进程的拉动效率比较低。此外,国家区域发展政策也是东部、中部、西部地区城镇化水平差异的重要影响因素之一。1978年以来,东部地区率先实施对外开放政策,国家在财政、税收、外资引进、体制变动上给予了大量优惠政策,使东部地区在社会经济发展中具有显著的优势,由此引起劳动力和资本等生产要素更大程度地向东部地区汇聚,在一定程度上拉大了中国城镇化水平区域差异。

二、城镇化质量的现状与问题

为了了解城镇化质量现状,首先需对城镇化质量测度。目前已有很多学者构建不同指标体系来衡量,较有代表性的有:叶裕民(2001)、赵海燕(2007)、李成群(2007)、王忠诚(2008)、许宏(2009)等从经济现代化、基础设施现代化、人的现代化和城乡一体化四个方面构建指标体系来测度;袁晓玲(2008)、何文举(2009)等从物质文明、精神文明和生态文明三个方面构建指标体系来测度;顾朝林(2008)等从人口城镇化、经济城镇化、生活方式城镇化和地域景观城镇化四个方面构建指标体系来测度;韩增林(2009)、于涛(2010)、徐素(2011)、庞玉珍(2011)从经济发展质量、城市生活质量、社会发展质量、基础设施质量、生态环境质量、城乡与地区统筹质量六个方面构建指标体系来测度;李明秋(2010)等从城市发展质量、城镇化效率和城乡一体化程度三个方面构建指标体系来测度;方创琳(2011)、王德利(2011)等从经济城镇化发展质量、社会城镇化发展质量、空间城镇化保障质量三个方面构建指标体系来测度；王洋（2012）等从人口城镇化、经济城镇化、社会城镇化三个方面构建指标体系来测度；陈明（2012）等从城乡统筹、综合承载、推进效率、生态环境和社会和谐五个方面构建指标体系来测度。这些指标体系看似差异较大，其实由三级指标可发现上述指标体系较为相似，主要是围绕城镇自身发展质量、城镇化推进效率和城乡协调程度三个方面来测度城镇化质量，据此，借鉴魏后凯等（2013）构建的指标体系，结合数据的可得性，分别在对应的城镇发展质量指数的二级指标经济发展质量、社会发展质量和空间发展质量指标的三级指标中加入城镇化率、高新技术产业增加值占规模以上工业增加值比重、社会保险综合参保率、每百户拥有电话数（含移动电话）和环境噪声达标率来测度城镇化质量，具体指标体系如表3－3所示。由于选取指标较多，数据量大，本章采用了Z得分值法对数据进行了标准化处理，以消除数据在量纲和数量级上的差别。并对指标体系中的逆向指标采用了"1－逆向指标"或"1/逆向指标"的方法进行了处理。原始数据来源于各省（自治区、直辖市）统计年鉴。下面首先通过因子分析法计算出不同省（自治区、直辖市）城镇化质量的综合得分，然后据此分析。

将2013年反映城镇化质量的30个指标运用主成分分析法，按照特征值大于0.75的原则提取公因子，通过方差最大法旋转对数据进行因子分析，得到2013年城镇化质量各指标的KMO值为0.779，均在适合因子分析的临界值内；球形Bartlett检验的相伴概率P值也均为0.000，因此，适合做因子分析。在此基础上，得到了衡量城镇化质量的三个公因子，如表3－4所示。从中可知，城镇化质量的前三个公因子累计方差贡献率为91.325%。因此，采用前三个公因子对城镇化质量进行衡量和评价，既简化了结构，又能保证足够的准确性。最后，以公因子的方差贡献率为权重，计算城镇化质量的综合得分。计算公式为：

$$2013年城镇化质量综合得分 = F1 \times 56.784\% + F2 \times 22.113\% + F3 \times 12.428\%$$

第三章 中国教育与城镇化进程的现状与问题

表 3-3 衡量城镇化质量的指标体系

体系分项	指标
城镇自身发展质量	城镇化率 人均 GDP 非农产业比重 高新技术产业增加值占规模以上工业增加值比重 城镇居民人均可支配收入 人均可支配收入占 GDP 比重 城镇恩格尔系数 城镇登记失业率 财政支出 社会保险综合参保率 每百户拥有电话数（含移动电话） 百人公共图书馆藏书 千人拥有病床位数 万人拥有公交车辆数 万人互联网用户数 人均生活用水量 人均居住面积 人均道路与交通面积工业用地占城市建设用地面积比重 建成区绿化覆盖率 生活垃圾无害化处理率 城镇生活污水处理率 工业固体废弃物综合利用率 环境噪声达标率
城镇化推进效率	单位劳动力实现的 GDP 单位固定资产投资实现的 GDP 单位 GDP 的耗电量 单位 GDP 的耗水量 单位 GDP 的 SO_2 排放量
城乡协调发展程度	城乡居民收入差异系数 城乡恩格尔系数差值

表 3-4 2013 年城镇化质量因子模型的特征值与方差贡献率

公因子	初始特征根	方差贡献率（%）	累计方差贡献率（%）
1	3.122	56.784	56.784
2	1.367	22.113	78.897
3	0.765	12.428	91.325

资料来源：作者根据各省统计年鉴整理得出。

依据上述公式，得出各省域城镇化质量的综合得分，如表3-5所示。从表3-5可知，首先，2013年东部地区的城镇化质量综合得分为0.6495，其中，上海城镇化质量综合得分最高，为1.2324；河北省城镇化质量综合得分则最低，仅为0.3234，前者是后者的近4倍。可见东部地区的城镇化质量不均衡，差距较大。其次，对于中部地区而言，2013年其城镇化质量综合得分为0.3876，远低于东部地区，其中湖北省城镇化质量综合得分最高，为0.4534；河南城镇化质量综合得分最低，仅为0.3315，可见中部地区整体城镇化质量不高，且城镇化质量不均衡。再次，对于西部地区而言，2013年城镇化质量综合得分为0.3419，低于中部地区，其中重庆最高为0.5725，西藏最低仅为0.2172，可见西部地区的城镇化质量最低，也不均衡，差距较大。进一步分析上述数据可知中国城镇化质量存在的主要问题是城镇化质量较低，只有北京、上海等8个地区城镇化质量高于全国平均水平，且除重庆外，其他中西部地区均低于全国平均水平。另外，中国城镇化质量区域差距较大，其中中部城镇化质量只有东部的59.68%，西部城镇化质量只有东部的52.64%。最后，三大地区内部地区间的城镇化质量差距也较大。

表3-5　　　　　　　　　2013年城镇化质量得分情况

地区	北京	天津	河北	山西	内蒙古	辽宁	吉林	黑龙江	上海
得分	1.2169	0.9327	0.3234	0.3612	0.4245	0.5750	0.4331	0.4378	1.2324
地区	江苏	浙江	安徽	福建	江西	山东	河南	湖北	湖南
得分	0.5126	0.5398	0.3369	0.4332	0.3470	0.3793	0.3315	0.4534	0.3998
地区	广东	广西	海南	重庆	四川	贵州	云南	西藏	陕西
得分	0.6476	0.3354	0.3517	0.5725	0.3409	0.2373	0.3108	0.2172	0.4296
地区	甘肃	青海	宁夏	新疆	东部	中部	西部		
得分	0.2491	0.3164	0.4021	0.2675	0.6495	0.3876	0.3419		

资料来源：作者根据各省统计年鉴整理得出。

出现上述城镇化质量区域差异，原因主要有以下几点：（1）城镇化质量区域性差异和人均国内生产总值有关系。城镇化质量指数较高的地区往往是人均国内生产总值较高的地区。（2）城镇化质量区域性差异和城镇居民人均可支配收入有关系。城镇化质量指数越高的地区往往是城镇居民人均可支配收入越高的地区。(3) 城镇化质量区域性差异和财政收入有关系。从一般预算内财政收入来看，财政收入能力增强有助于政府优化产业结构，改善城市公共服务，提高城镇化质量。(4) 城镇化质量区域性差异和产业结构有关系。第二、第三产业产值的占比提高及其向城镇的集聚，将推动城镇化质量的提高。(5) 城镇化质量区域性差异和城镇居民恩格尔系数有关系。一般情况下，城镇居民恩格尔系数越低，居民消费结构层次就越高，这有助于提高城镇化质量。同样相对于中部和西部地区，东部地区的城镇居民恩格尔系数普遍低。(6) 城镇化质量区域性差异和财政教育支出有关系。财政教育支出低的地区，一般城镇化质量也较低；财政教育支出高的地区，一般城镇化质量也较高。相对于中部和西部地区，东部地区的财政教育支出普遍较高。(7) 城镇化质量区域性差异和环境污染有关系。每单位国内生产总值的工业废气排放总量越大，表明城镇化的环境代价越大，城镇化质量越差。同样东部地区的单位国内生产总值的工业废气排放总量普遍低于中部和西部地区，2013年，东部地区的单位国内生产总值的工业废气排放总量平均不足1标立方米/元，中部和西部地区单位国内生产总值的工业废气排放总量则平均分别为1.29标立方米/元、2.23标立方米/元。[①] (8) 城镇化质量区域性差异和城乡居民收入差距有关系。城乡居民收入差距越小，城镇化质量越高；城乡居民收入差距越大，城镇化质量越低。(9) 城镇规模越大，集聚资源越多，有助于城镇建设和城镇经济社会发展等，进而提高城镇化质量。因此，城镇规模越大，往往城镇化质量越高，统计发现，东部地区的城镇规模普遍高于中西部地区。

三、城镇化结构的现状与问题

由于城镇用地规模数据获取较为困难，且可比性较差，一般城镇规模

[①] 依据各省统计年鉴的数据计算得到。

结构主要是用城镇人口规模结构来测度。由于中国长距离的劳动力迁移较少，城镇化是高度本地化的、中国城镇间存在行政层级，低层级城镇经济活动受到上级城镇影响，以及为了追求经济增长，在财政分权竞争背景下，各省域间存在市场分割。因此，为了衡量中国东部、中部、西部地区的城镇人口规模结构，借鉴谢小平和王贤彬（2012）的做法，将31个省域涵盖的城市看成是相对独立的城镇体系。然后利用各省域县级市及以上城市样本与首位度指数、基尼系数、赫芬达尔指数和熵值法四种方法来测度，进而避免仅利用地级市为样本测度和仅利用单一方法测度所产生的结果不可靠。这里之所以没有用文献中通用的Zipf法则和Pareto指数，是因为Zipf法则虽然在一定程度上反映出了城镇规模分布情况，但其主要侧重的是城镇规模与对应的位序关系，且其理论基础缺乏明确解释，又其和Pareto指数均是通过普通最小二乘法拟合的结果，往往是有偏的（加贝克斯和伊安尼德斯，2004；谢小平和王贤彬，2012）。此外，之所以没有用城市流强度来测度是因为其主要反映的是区域内城市对于外部区域辐射能力的强度，即经济影响力。故首先用首位度指数来测算城镇人口规模分布，但由于该指数主要是刻画区域内城市人口在最大城市的集中度，并不能完整反映整个省域城市规模分布状况。因此，进一步用基尼系数、赫芬达尔指数和熵值法来测度。其中，基尼系数侧重区域城市规模之间的差距，赫芬达尔指数测度的是整个省域城市居民的集中度，熵值法则是一种客观赋权法，可以对城镇人口规模结构的多样性和合理性做出客观描述。三种方法与首位度指数相比，均能更加完整反映城市人口规模的分布情况（沃特森和什西多，1981；马智利和王银彩，2005；谢小平和王贤彬，2012；朱顺娟和郑伯红，2014）。

（一）基于首位度指数的分析

1939年，马克·杰斐逊（M. Jefferson）提出了城市首位律（law of the primate city），用来反映一国（地区）的城镇规模结构。其提出了首位度指数中的第二位城市指数,即首位城市与第二位城市(以下简称"二城市")的人口规模之比。依据奥尔巴赫理论,理想状态下二城市指数为2,但仅用二城市指数来测度人口规模在最大城市的集中程度不免以偏概全。因此,学术界又提出了四城市指数和十一城市指数,以便能较为全面反映城市规模结构。但马歇尔(Marshall,1989)、汪明峰(2001)等研究表明四城市指数和十一城市指数与二城市指数存在很大的相关性,相关性高达0.8以上,因此,采用二城市指数显得更为简单、实用。

由于北京、天津、上海、重庆均为直辖市,因此,为了更好利用二城市指数对中国东部、中部、西部地区城市规模结构进行分析,借鉴朱顺娟和郑伯红(2014)的做法,将北京、天津归属到京津冀区域,上海归属到苏沪区域,重庆并入四川。具体计算结果如表3-6所示。从表3-6可知,相对2000年的3.575,2012年中国二城市指数平均值下降为2.824,表明中国城镇集中度下降。分区域来看,东部、中部、西部地区2012年二城市指数平均值分别为2.178、2.662和3.412,可见,东部地区的城市集中度较低,仅比理想状态稍高,而西部地区的城市集中度最高,城镇规模结构最不均衡。

表3-6　　　　　　　　2012年中国二城市指数

京津冀	山西	内蒙古	辽宁	吉林	黑龙江	苏沪	浙江	安徽	福建	江西
4.964	1.812	1.178	1.745	1.991	3.389	2.455	1.970	1.041	1.142	1.896
山东	河南	湖北	湖南	广东	广西	海南	四川	贵州	云南	西藏
1.033	6.773	2.272	2.126	1.290	1.435	2.820	3.210	1.469	2.993	4.582
陕西	甘肃	青海	宁夏	新疆	中国	东部	中部	西部		
3.994	1.559	8.345	2.075	6.697	2.824	2.178	2.662	3.412		

资料来源:2013年《中国城市统计年鉴》。

(二)基于基尼系数的分析

众所周知,基尼系数是用来衡量一个国家(地区)收入差距的,但由于一个国家（地区）的城市所处地理位置、历史基础和享受政策优惠程度等不同，所有城市难以同步发展。因此，基尼系数也可以用来测度城市规模结构情况，科威尔（Cowell，1995）通过大量实证研究已经证明。因此，采用马歇尔（Marshall，1989）提出的衡量城镇规模结构基尼系数公式来测度，具体如下：

$$G = \sum_i \sum_j |Scale_i - Scale_j|/2TS(n-1)$$

其中，n 为区域内城市数量，$Scale$ 为城市人口规模，其中 $Scale_1 \geqslant Scale_2 \geqslant \cdots \geqslant Scale_n$，$TS$ 为 n 个城市的人口总和或区域总人口。当基尼系数为 0 时，表示区域内城市人口规模相同，规模分布最分散，当基尼系数为 1 时，则表示区域内人口全集中在一个城市。因此，基尼系数越大，城市规模分布集中度越高。

利用上述公式计算发现，中国城镇规模结构基尼系数从 2000 年的 0.578 下降为 2012 年的 0.532，城市规模分布集中度趋于下降。进一步计算发现，2012 年，东部、中部、西部地区的城镇规模结构基尼系数分别为 0.505、0.516 和 0.564，而城镇规模结构基尼系数位于 0.50~0.55，属于城市规模分布较为均衡，大于 0.55 属于城市规模分布较为集中。故相对而言，西部地区城镇规模结构不合理，东部、中部地区城镇规模结构较为合理，其中东部地区城镇规模分布最为均衡。

（三）基于赫芬达尔指数的分析

赫芬达尔指数，全称赫芬达尔—赫希曼指数（Herfindahl-Hirschman Index，HHI）。一般是用来测度市场中企业规模的离散度，衡量企业市场份额的变化。其是指一个行业中各企业所占行业总收入或总资产百分比的平方和。因此，为了利用该指数测度城镇规模结构，其被定义为各城市人口规模占区域城市总人口规模比重的平方和。其公式如下：

$$HHI = \sum_{i=1}^{n} (X_i/X)^2$$

其中，X_i为i城市的人口数，X为区域总人口数。HHI值越大，表明城镇规模分布集中度越高。通过计算发现，中国2000年的HHI指数为0.083，2012年则下降到0.070，说明中国城镇规模分布集中度下降了。2012年三大地区的HHI指数分别为0.057、0.066、0.089，可见，东部地区最小、中部地区次之，西部地区最大。因此，东部地区城镇人口分布最为均衡，西部地区城镇人口规模分布最不均衡。

（四）基于熵值法的分析

熵是德国物理学家克劳修斯1850年创造的一个热力学术语，其公式如下：

$$H = -\sum_{i=1}^{n} P_i \ln P_i$$

其中，P_i表示区域内各种规模城市数量占城市总数的比重，当P_i之间差别越小时，熵值就越大；城镇数量n增加时，熵值也越大。因此，计算出的熵值较小，则表明当P_i之间差别较大或城镇数量较少，这一般发生在一个地区城镇体系不成熟、不健全的第一阶段或者城镇体系较为完善，中小城市大多成为大城市，不再有新中小城市出现的第三阶段。故在获知城镇规模结构是否均衡前，需先判断地区城镇体系处于哪个发展阶段。用上述公式计算了中国2000~2012年城镇规模结构的熵值，发现熵值在0.953~1.192，总体来说，熵值处于第一阶段，并且熵值近年来整体趋势是在平稳增长，说明中国城镇规模结构逐渐趋于合理。进一步计算了东部、中部、西部地区2012年的熵值，如表3-7所示。从表3-7可知，东部地区熵值最高，为1.168；中部地区次之，为1.024；西部地区最低，为0.987。说明相对中西部地区，东部地区城镇规模结构最均衡，各城镇规模和数量较为合理；而中部地区城镇规模结构比较均衡，但城市规模偏小；西部地区则城镇规模结构出现断层，中等城市较少，小城市规模较小。

表 3-7　　　　　东部、中部、西部地区城镇规模结构熵值

地区	城市数量（个）	超大城市		特大城市		大城市		中等城市		小城市		熵值
		数量（个）	占比（%）	数量（个）	占比（%）	数量（个）	%	数量（个）	占比（%）	数量（个）	占比（%）	
东部	259	4	1.544	6	2.317	46	17.761	76	29.344	127	49.035	1.168
中部	227	0	0.000	1	0.441	36	15.859	74	32.599	116	51.101	1.024
西部	171	0	0.000	3	1.754	31	18.129	31	18.129	106	61.988	0.987

注：小城市表示人口<50万人；中等城市表示50万人≤人口<100万人；大城市表示100万人≤人口<500万人；特大城市表示500万人≤人口<1000万人；超大城市表示人口≥1000万人。

资料来源：2013年《中国城市统计年鉴》。

（五）结论

综上所述，2000年以来中国城镇结构逐渐趋于均衡。原因有以下几点：一是中国加入WTO后，经济发展较快，工业比重提高，支撑了越来越多的中小城市发展，进而成长为大城市，致使大城市数量增多，由原先的"一枝独秀"逐渐转向"百花齐放"的局面，新的大城市（或特大市、超大城市）的出现降低了原先最大城市的份额，致使城市集中度趋于下降。二是中小城市的发展速度超过了大城市及以上城市，大城市及以上城市对中小城市的辐射作用发挥了积极效果。2000年以来东部地区城镇结构较为均衡、中部地区次之、西部地区城镇结构较为失衡的原因在于，东部地区的区位优势和国家政策倾斜，使其各省市较快发展，特别是加入WTO后，其外向型经济发展更快，使其产业发展水平大幅提高，支撑了中小城市成长为大城市，且东部地区在入世后市场化进程较快，区域市场分割程度降低，对外经济和贸易联系加强，使比邻城市发展速度明显增加，大城市对中小城市的辐射作用也相应提高。此外，东部地区的超大城市和特大城市的人口生活成本、住房价格高，存在拥挤效应、就业难和环境污染等问题，其企业用工成本和租金等成本高，且生产要素的边际产出效率趋于下降，这些所带来的负效应超过了个体和企业迁移到超大城市、特大

城市所享受到的差异化产品结构带来的正效应；且东部地区交通发达，劳动力要素在省域内流动便利，除超大和特大城市外的大城市替代集聚效应较大，使东部地区的人口重心趋于偏离超大和特大城市，两类城市人口集聚的向心力被分散（倪鹏飞等，2014）。而中部地区的区位优势、劳动力和用地成本低、中部崛起战略给予的政策优惠使其正好承接了东部地区城市的产业转移，与东部地区邻接、相近的中小城市也逐渐发展起来；且中部地区中小城市的交通条件得到了明显改善，与本省大城市和东部主要城市的往返时间大大缩短，受到的辐射作用增强。此外，该地区中小城市的基础设施等条件得到了明显改观，生活生产成本相对较低，城市拥挤效应和环境污染不明显，个体和企业迁移的规模经济效应大于负面效应，使中部地区中小城市的人口集聚向心力增加。至于西部地区，虽然实施了西部大开发战略，得到了国家大力扶持，使其主要城市开始迅速发展；且由于西部大开发战略实施的深度和广度问题，西部地区主要城市的发展并未对中小城市起到很好的辐射作用，致使大部分小城市并未成长为中等城市，出现中间断层，城镇规模结构失衡。西部地区中小城市的交通条件和其他基础设施条件较为落后，难以主动对接该地区主要城市的辐射作用，而且中小城市教育、医疗、文化等软环境较差，这些负面影响超过了该地区要素价格低、环境污染少等所带来的正面效应，对劳动力和企业迁移的吸引力不足（李晓阳和黄毅祥，2014），致使该地区中小城市规模偏小，城镇结构不合理。

第四节　本章小结

本章分析了中国普通教育、职业教育与城镇化的现状与存在的问题，得到以下结论：

一是中国东部、中部、西部地区普通教育规模大幅提高，但还存在一些问题，如普通高等教育资源不足，教育资源区域分配不合理，普通高等教育资源投资效益较低，高校定位不清晰，办学理念滞后，教学质量下降，就业问题突出。普通中等教育经费投入不足，投入不均衡，个人分担比例较高，普通中等学校师资数量不足，素质有待进一步提升，普通中等学校办学形式单一。

二是职业教育取得了显著成绩，规模大幅提高，但还存在诸如高等和中等职业院校平均规模较小，师资队伍不足和水平不高、职业院校经费投放不足，办学条件较差、培养模式单一，校企合作浮于形式，职业教育区域分布不均等问题。

三是中国城镇化水平大幅提高，但与常态经济发展的城镇化正常水平还存在较大差距，中国城镇化水平区域分布严重不均衡，东部、中部、西部地区城镇化水平差距较大，且三大地区内部省份间的城镇化水平差距较大。

四是借鉴和修正魏后凯等（2013）构建的城镇化质量衡量指标体系，运用主成分分析法，按照特征值大于 0.75 的原则提取公因子，通过方差最大法旋转对数据进行因子分析，以公因子的方差贡献率为权重，计算发现中国城镇化质量较低，城镇化质量区域差距较大，中部城镇化质量只有东部的 59.68%，西部城镇化质量只有东部的 52.64%，三大地区内部省份间的城镇化质量差距也较大。

五是借鉴谢小平和王贤彬的做法，将 31 个省域涵盖的城市看成是相对独立的城镇体系，基于各省域县级市及以上城市样本，利用首位度指数、基尼系数、赫芬达尔指数和熵值法四种方法测算发现 2000 年以来中国城镇化规模结构逐渐趋向均衡，但目前失衡依然明显，其中东部最均衡，中部次之，西部较为失衡。

第四章

教育对城镇化进程的影响机理分析

第一节 教育对城镇化水平的影响机理

一、教育促进了农村劳动力转移

众所周知,城镇化的主要内涵是人口城镇化,是农村劳动力的转移过程,教育则通过四个方面有助于农村劳动力的转移。首先,教育有助于农村劳动力更加容易转入城镇。当前,农村劳动力转移到城镇的机会成本较高,包括迁移成本和非经济成本等。通过教育可以获得转移所必要的知识和技能,提高预期收益,也使其更易接受新事物,具有更大的自信,更易于实现有效转移。其次,教育有助于提高农村劳动力转移后的职业稳定性和收入。目前,农村劳动力的"低素质屏障"使其在城镇的岗位容易被替代,进而被迫重新回流农村。据杨海燕(2007)对已转移的农村劳动力回流数据分析,回流最少的是具有大专以上文化程度的劳动力,接着依次是具有中专、高中、初中、小学文化程度的劳动力。可见受过教育和培训后转移出的农村劳动力职业稳定性较高。再次,教育能使农村劳动力更易克服相对保守的思想意识，扩大活动半径、社交范围，教育也能使其视野更为开阔，提高接收外界信息的能力，进而有助于农村劳动力更加高质有效的转移。最后，受传统观念的影响，在农村接受职业教育的适龄女青年较多，使农村妇女的迁移率和就业机会明显增多，且在转移人口中，从事商业服务的女性偏多，这说明职业教育有助于农村妇女转移。

二、教育改变了人口生育观念，减缓了城镇人口增长

众多国内外学者研究表明，教育程度越高的父母，子女的出生率越低，教育与人口增长呈反方向变化。教育发展改变了人们的生育观，进而影响了生育行为。一是教育发展使人们更为关注的是孩子能否健康成长以及获得良好的教育，而非过去的重男轻女、多子多福的传统观念。二是教育发展使人们往往更重视自身价值的实现和对人生幸福的追求，他们一般不愿意因多生育而耽误自身发展。三是通过发展教育增加了妇女受教育机会，推迟了其结婚和生育年龄，降低了妇女的生育率。同时，教育提高了妇女的就业能力，拓宽了其职业选择，使其将更多的时间和精力用于工作中，提高了其生育的机会成本。可见，教育通过改变生育观念，减缓了城镇人口增长。

第二节 教育对城镇化质量的影响机理

一、教育为城镇化质量提高输送了劳动力资源，并改善了城镇人口结构

城镇化的推进过程主要是农村劳动力转移到城镇，而教育促进和加快了这种劳动力转移，为城镇化质量提高提供了人力支撑。一是教育提高了农村劳动力的知识层次和技能水平，降低了其转移的机会成本和在城镇劳

动力市场就业的交易成本，提高了其预期收益，进而有助于农村劳动力转移，同时教育降低了企业培训转移劳动力的成本，提高了这些劳动力的生产效率和边际产品贡献，有助于城镇企业吸纳这些转移劳动力。二是教育提高了农村转移劳动力在城镇就业岗位的竞争力，使其不容易因素质技能水平低下而导致其在城镇的岗位被替代，回流到农村。因此，教育在一定程度上提高了农村转移劳动力在城镇就业的稳定性和持续性。三是教育有助于提高农村劳动力接受外界信息的能力，拓宽其视野，使其更容易接受新思想新观念，进而扩大活动半径和社交范围，在城镇中形成自有的社会关系网络，获得相应的社会资本和社会支持，促使其更加高质有效的转移。四是受传统观念影响，过去在农村接受普通教育和职业教育较多的是男性，现在接受普通教育和职业教育的女性比例逐渐增加，使农村更多的女性转移到城镇，在城镇中就业和生活，这既为城镇化质量提高输送了劳动力资源，又改善了城镇人口结构。

二、教育促进了城镇产业结构和就业结构升级

当前，城镇第二、第三产业劳动力知识文化水平和技能水平较低，难以满足城镇产业间和产业内结构升级的需要，教育能提供产业结构升级所需的人力资本，其不仅提高了农村转移劳动力技能，也提高了城镇本身居民技能。且教育还为产业结构升级提供了强有力的科技支撑，有助于城镇产业获得规模经济，降低平均成本，提高产业效率，同时也有助于淘汰落后产能，实现城镇产业结构升级。另外，教育加快了农村劳动力转移到城镇，使第一产业就业人数下降，第二、第三产业就业人数增加，促进了产业间就业结构升级，并且使农村就业人数下降，城镇就业人数上升，促进了城乡就业结构升级。此外，教育提高了城镇劳动力市场的流动性和竞争性，也提高了农村转移劳动力和城镇居民的就业质量，有助于城镇产业结构和就业结构升级，提高城镇化质量。

三、教育有助于缩小城乡收入差距,提高城镇化质量

改革开放以来,我国城乡收入差距拉大。依据2013年国家统计局公布的数据,2012年我国基尼系数高达0.474,超过了国际警戒线0.4,这是导致我国城镇化质量不高的重要原因之一。而城乡收入差距拉大的主要表现为农民收入增速较慢,其主要原因是长期以来我国农村教育落后,导致农民素质和技能水平偏低,又是在附加值较低的第一产业就业,没有较好地分享改革开放成果。而教育可以提高农民技能,有助于其转移到城镇,从事附加值较高的第二、第三产业,进而提高他们的收入。当然,教育也提高了城镇居民本身的技能,增加其收入,但农民由于接受教育而转变就业行业所带来的生产效率和劳动边际产品提高程度更大,故教育对收入的提高更多地反映在农民身上,且农民收入增加会进一步提高其教育支出能力,促使他们及其子女接受更高层次的教育培训来提高收入,形成良性累计循环效应。可见教育对农民收入提高的边际效应更大,这有助于缩小城乡收入差距,提高城镇化质量。

四、教育有助于农民市民化和城镇居民生产生活方式转变

农民市民化是城镇化一个重要方面,是指农民的身份、地位、价值观、工作方式、行为方式和生活方式等方面向市民转化。其实质就是农民的再社会化,可以通过家庭、学校、社区、社会组织等实现再社会化。其中,最重要的就是教育,教育提高了农民文化素养,潜移默化地使农民的思想观念、消费方式和工作生活方式向市民转化。且教育有助于转移的农民形成个人城镇人际网络关系,增加其对城镇的归属感,使其进一步融入城市。另外,教育所带来的科技进步已经深刻影响城镇的生产生活环节,渗透到城镇生产生活的各个领域,使城镇中的交通、通信、信息、网络、

电子产品等众多领域取得发展，减少了城镇生产生活受到的空间约束，提高了城镇生产生活所需资源的利用效率，进而促进了城镇生产生活方式转变，提高了城镇化质量。最后，教育显然也提升了城镇文化，有助于城镇化质量提高。

五、教育有助于城镇的民主和法制建设

目前，我国农民民主和法制观念较为淡薄，农村的民主和法制建设不健全。教育不仅是传授给受教育者专业知识和技能，也会把职业道德、生活规范传授给受教育者，并且会对受教育者进行民主法制教育，提高受教育者的民主意识和法律意识。不仅使农民进城后能很好地行使民主权利，维护自己的合法权益，也能使既有城镇居民的民主和法制观念增强，且教育能减少农民工群体和城镇居民在经济上对市场适应不足而导致生活水平下降引发的违法行为。因此，教育通过推动城镇的整体民主和法制建设，提高了城镇化质量。

六、现有教育体系有助于减少城镇化进程中的教育不公平，提高城镇化质量

目前，农民、转移人口和城镇中低收入家庭无力承担较高层次教育是城镇化进程中教育不公平的主要表现之一。而实施的普通教育九年制义务教育在低层次教育公平上起到了显著的促进作用，并且国家和地方政府通过助学贷款、设置奖助学金、勤工俭学以及贫困生补助等一系列措施在一定程度上降低了较高层次普通教育的不公平。另外，职业教育作为一种教育分流机制在一定程度上促进了教育公平，其较为完善的职业教育资助制度为转移的农民及其子女和城镇低收入家庭提供了更多受教育的机会。最后，教育有助于增加转移农民和城镇低收入群体收入，进而提高其教育支

付能力，这在一定程度上也减少了教育不公平。

第三节　教育对城镇化结构的影响机理

教育主要通过农村劳动力转移效应、生育观念转变效应、拉动内需效应、要素资源配置效应、归属感效应等影响城镇化结构。

一是教育提高了农村劳动力尤其女性的素质和技能水平，降低其转移机会成本，提高了其就业稳定性和持续性，在一定程度上满足了城镇产业结构需求，特别是对技能要求不高的中小城市第二、第三产业需求，有助于城镇化结构趋于均衡。

二是教育发展影响了人们生育观念，减缓了城镇人口增长速度，尤其是大城市、特大城市和超大城市的人口增长速度。原因在于这三类城市人们平均受教育程度较高，而众多研究发现，教育程度越高的城市，出生率越低，教育与城镇人口增长速度负相关。因此，这有助于城镇化结构趋于均衡。

三是教育有助于提高转移人口的收入，进而拉动城市内需，促进城市规模扩大，但这更多反映在中小城市。原因在于相对大城市及以上城市的生活成本和房价，转移人口收入较低，限制了其消费，其在大城市及以上城市更多是获取比中小城市就业高的收入，回流到中小城市或农村进行消费，且中小城市生活成本和房价较低，转移人口消费的可能性更大，这有助于中小城市规模扩大。此外，教育也有助于提高城镇人口收入，但由于农民接受教育而转变就业行业所带来的生产效率和劳动边际产品提高程度更大，故教育对农民收入提高的边际效应更大，这有助于缩小城乡收入差距，优化城镇化结构。原因是城乡收入差距拉大，有助于农村人口转移到城镇，促进城镇规模的扩大，但由于大城市尤其是超大城市和特大城市的城乡收入差距较大（陆铭，2013），进入这些城市就业得到的收入远高于农村和中小城市的收入。因此，对农村和中小城市人口的吸引力较大，中小城市的城乡收入差距相对较小，对农村人口吸引力不足。因此，仅从收入角度考虑，城乡收入差距的拉大会不利于城镇化结构趋于均衡。

四是教育提高了人力资本和社会资本，有助于研发、技术外溢获取和知识共享等，提高了城镇要素资源配置效率，促进城镇规模扩大。由于大城市及以上城市教育程度高，故要素资源配置效率效应开始多体现在这类城市，但随着这类城市教育程度提高，出现了知识性结构失业，人力资本的积累和变现能力越发困难，致使这类城市要素资源配置效率的边际提高效应减缓，此时，教育的要素资源配置效率效应将更多体现在中小城市，促进中小城市规模扩张，优化城镇化结构。

五是教育提高了人们对于产品种类、质量和档次的要求，也促进了科技水平提高和产业结构升级，有助于企业产品种类多元化和产品质量档次提高，双方相互促进，既增加了城镇对人口的吸引力，也促使企业集聚到城镇，但同样更多体现在大城市及以上城市，使其规模增加速度高于中小城市。但随着大城市的生活生产成本上升，竞争加剧，拥挤效应增加，超过产品差异化结构带来的正效应，城镇化结构将趋于均衡。[1]

六是教育有助于转移人口的价值观念、工作生活方式向市民转化，有助于转移人口形成个人城镇人际网络关系，增加其对城镇归属感。但相对收入而言，大城市的生活成本和房价较高，使教育对城镇归属感的提高作用有限，出现转移人口回流中小城市，甚至回流农村。因此，教育对城镇归属感的提高作用更多体现在中小城市，这有助于城镇化结构趋于均衡。

综上所述，普通教育与职业教育通过促进农村劳动力转移、促进农村妇女转移、改变生育观念，减缓城镇人口增长等方面影响城镇化水平。通过优化人口结构、产业结构和就业结构、提高劳动力质量、促进农民市民化、推动城镇民主法治化建设、缩小城乡收入差距，推进城乡协调发展、

---

[1] 产品差异化结构是指个体和企业生活生产的一系列便利配套设施，如教育、医疗、卫生环境；文化氛围；金融深度；需求互补程度等（倪鹏飞等，2014）。

实现教育公平等方面影响城镇化质量。通过农村劳动力转移效应、生育观念转变效应、拉动内需效应、要素配置效应、市场拥挤效应、归属感效应等方面影响城镇化结构。

教育对城镇化影响的机理如图4-1所示。

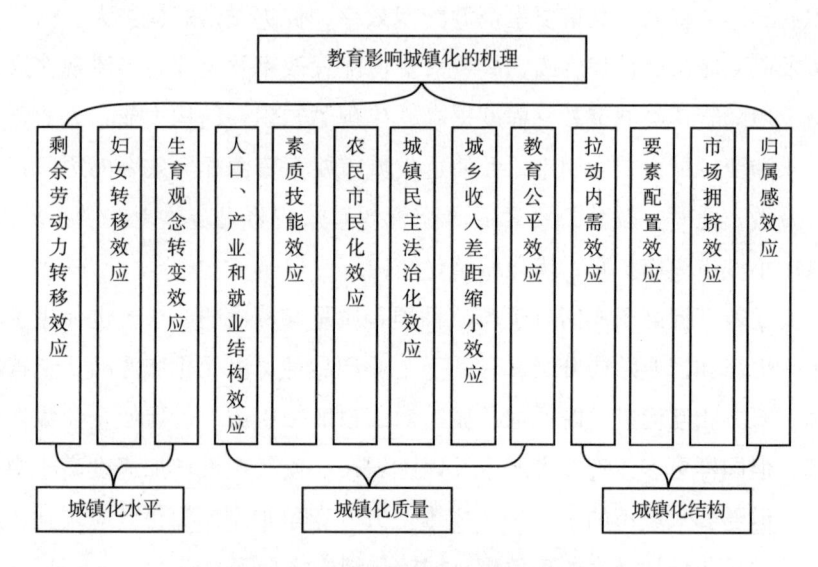

```
                    教育影响城镇化的机理
    ┌──────────────────┼──────────────────┐
剩余劳动力转移效应  妇女转移效应  生育观念转变效应  人口、产业和就业结构效应  素质技能效应  农民市民化效应  城镇民主法治化效应  城乡收入差距缩小效应  教育公平效应  拉动内需效应  要素配置效应  市场拥挤效应  归属感效应
    └─────城镇化水平─────┘  └─────城镇化质量─────┘  └─────城镇化结构─────┘
```

图4-1 教育对城镇化影响的机理

资料来源：作者根据相关资料整理。

第五章

普通教育和职业教育与中国城镇化关系的因果分析

利用我国1992~2012年的统计数据,对普通教育和职业教育及其不同层次与中国城镇化的关系进行因果分析。

由于经济学上对变量间进行因果分析,判断一个变量是否是另外一个变量变化的原因,一般用格兰杰因果关系检验,一个完整的格兰杰因果检验过程包括时间序列的平稳性检验、协整检验和格兰杰因果检验。

第一节 平稳性检验、协整检验和格兰杰因果检验

一般而言,随着经济增长,多数宏观经济变量的时间序列呈现出明显上升的趋势,因此多数时间序列往往是非平稳时间序列,如果直接利用这些非平稳时间序列来进行实证分析,则会出现无意义或谬误的结果,这种现象在计量经济学上被称为谬误回归(spurious regression)。因此,一般对时间序列进行实证分析时,首先要判断该序列是否平稳,并且变量间的格兰杰因果检验等现代计量经济学方法也要求变量的序列是平稳的,因此首

先介绍时间序列的平稳性检验。

一、平稳性检验

当随机过程的均值与自协方差都与时间无关，则称这个随机过程是平稳性的，在这过程中，平稳的序列会围绕均值波动，有向均值靠拢的趋势。在现代计量经济学中，对时间序列平稳性检验可以以自相关函数为依据来判断，但广为采用的是单位根检验，单位根检验方法常用的有20世纪70年代迪克（Dickey）和富勒（Fuller）提出的DF检验和1979年两人提出的ADF检验。

（一）DF检验

对时间序列 y_t 可用如下自回归式进行单位根检验。

$$y_t = \beta y_{t-1} + \varepsilon_t \qquad (5.1)$$

其中，$\varepsilon_t \sim i.i.d. N(0, \sigma^2)$，如果 $\beta \in (-1,1)$，则 y_t 是平稳序列；如果 $\beta = 1$，则 y_t 是非平稳序列；如果 β 的绝对值 >1，则序列 y_t 是扩散的。因此，一个序列是否平稳，可以通过检验 β 的值来判断，即

原假设为：$H_0: \beta = 1$，y_t 为非平稳序列；

备择假设为：$H_1: \beta < 1$，y_t 为平稳序列。

通过计算 DF 统计量得到 $DF = \dfrac{\hat{\beta}-1}{\sigma_{\hat{\beta}}}$，当 DF 大于临界值，接受原假设，y_t 为非平稳序列，相反，拒绝原假设，y_t 为平稳序列。

方程（5.1）也可以改写为如下形式：

$$\Delta y_t = (\beta - 1) y_{t-1} + \varepsilon_t \qquad (5.2)$$

令 $\rho = \beta - 1$，则方程（5.2）可以写为：

$$\Delta y_t = \rho y_{t-1} + \varepsilon_t$$

于是原假设变为：H_0：$\rho = 0$，y_t 为非平稳序列，备择假设为：H_1：$\rho < 0$，y_t 为平稳序列。

（二）ADF 检验

由于 $\varepsilon_t \sim i.i.d. N(0,\sigma^2)$ 是个较强的假设，有时 ε_t 可能存在自相关，ADF 检验克服了这个问题，在 ADF 检验中，为了保证方程中的 ε_t 是高斯白噪声过程，应采用回归式（5.3）进行单位根检验。

$$\Delta y_t = \rho y_{t-1} + \sum_{i=1}^{n} \phi_i \Delta y_{t-i} + \varepsilon_t \tag{5.3}$$

如有必要，ADF 检验可以加入位移项和趋势项：

$$\Delta y_t = c + \rho y_{t-1} + \sum_{i=1}^{n} \phi_i \Delta y_{t-i} + \varepsilon_t$$

$$\Delta y_t = c + \eta t + \rho y_{t-1} + \sum_{i=1}^{n} \phi_i \Delta y_{t-i} + \varepsilon_t$$

对于 ADF 检验中 Δy_t 的滞后阶数 n 的选择，应以消除 ε_t 自相关为原则，尽可能地小，由于实际的时间序列往往不是方程（5.1）一个简单的 AR（1）过程，而是方程（5.3）的 AR（n）过程，且 ADF 检验对数据要求更为简单，所以 ADF 检验是最常用的平稳性检验方法。

二、协整检验

两个（或两个以上）非平稳的时间序列，若它们是同阶单整的，则变量之间的某种线性组合可能是平稳的，即变量之间可能存在着长期稳定的均衡关系，称为协整关系（cointegration）。通常有两种方法用来检验变量之间的协整关系：一种是恩格尔和格兰杰（Engle and Granger）1987 年提出的 EG 两步法；另一种是约翰森（Johansen，1988）与约翰森和尤塞利乌斯（Johansen and Juselius，1990）提出的一种以 VAR 模型为基础的 Johansen 极大似然估计法。一般而言，采用 EG 两步法，样本容量必须充分大，否则得到的协整参数估计量将是有偏的，而且样本容量越小，偏差越大，并且，EG 两步法主要是检验两个变量之间的协整关系，由于用于分析的有效样本相对较小，为克服小样本条件下 EG 两步法参数估计的不足，以及由于本章是检验多个变量的协整关系，采用 Johansen 极大似然估计法进行协整检验。

为了介绍 Johansen 极大似然估计法，首先建立一个 P 阶的 VAR 模型：

$$y_t = A_1 y_{t-1} + A_2 y_{t-2} + \cdots + A_p y_{t-p} + \Theta x_t + \varepsilon_t \tag{5.4}$$

其中，y_t 是 k 维非平稳的 I(1) 变量；x_t 是 d 维确定性外生变量，$\varepsilon_t \sim i.i.d. N(0, \Omega)$，方程（5.4）经过差分变换后，得到下式：

$$\Delta y_t = \Pi y_{t-1} + \Gamma_1 \Delta y_{t-1} \cdots + \Gamma_{p-1} \Delta y_{t-p+1} + \Theta x_t + \varepsilon_t$$

其中，$\Pi = \sum_{i=1}^{p} A_i - I, \Gamma_i = -\sum_{j=i+1}^{p} A_j$。

由于经过差分后，$\Delta y_{t-j}(j = 1,2,3,\cdots,p)$ 都是 $I(0)$ 变量，只要 Πy_{t-1} 是 $I(0)$ 变量，即 $y_{i,t-1}(i = 1,2,3,\cdots,k)$ 之间是协整关系，才能保证 Δy_t 是平稳过程。而变量 $y_{i,t-1}(i = 1,2,3,\cdots,k)$ 之间是否是协整关系，主要取决于矩阵 Π 的秩。原假设为：H_0：至多有 r 个协整关系，备择假设为：H_1：有 k 个协整关系（满秩），检验迹统计量为：

$$LR = -T\left[\sum_{i=r+1}^{k} \log(1 - \lambda_i)\right], r = 0,1,\cdots,k-1$$

其中，T 是观测期总数，λ_i 是大小排第 i 的特征值，这是个连续检验，从不存在协整关系的原假设开始，然后是最多一个协整关系，直到最多 $k-1$ 个协整关系。具体如下：当 LR 小于临界值时，$r=0$ 不能被拒绝，说明变量间不存在协整关系，检验到此为止，如果 LR 大于临界值时，$r=0$ 被拒绝，说明变量间存在协整关系，继续下面的检验。当 LR 小于临界值时，$r \leqslant 1$ 不能被拒绝，说明变量间存在 1 个协整关系，检验到此为止，如果 LR

第五章　普通教育和职业教育与中国城镇化关系的因果分析

大于临界值时，$r \leq 1$ 被拒绝，则继续下面的检验……当 LR 小于临界值时，$r \leq k-1$ 不能被拒绝，说明变量间存在 $k-1$ 个协整关系，检验到此为止，如果 LR 大于临界值时，$r \leq k-1$ 被拒绝，说明变量间存在 k 个协整关系。在检验过程中，如果 $r \leq m-1$ 被拒绝，而 $r \leq m$ 不能被拒绝，则说明变量间存在 m 个协整关系。

三、格兰杰因果检验

格兰杰在1969年提出了两变量间的因果关系检验，他认为在其他条件不变下，一个变量 x 的滞后项对另外一个变量 y 的预测精度存在显著的改善，即加入 x 的滞后项后预测 y 的均方误差减少，则称 x 是 y 的格兰杰原因。

根据以上定义，假设一个滞后 k 阶的自回归模型为：

$$y_t = c + \alpha_1 y_{t-1} + \cdots + \alpha_k y_{t-k} + \beta_1 x_{t-1} + \cdots + \beta_k x_{t-k} + \varepsilon_t$$

运用普通最小二乘法估计，得到残差平方和：

$$RSS_1 = \sum_{t=1}^{T} \hat{\varepsilon}_t^2$$

再估计一个不含 x 滞后项的 k 阶的自回归模型：

$$y_t = a + \delta_1 y_{t-1} + \cdots + \delta_k y_{t-k} + u_t$$

运用普通最小二乘法估计，得到残差平方和：

$$RSS_0 = \sum_{t=1}^{T} \hat{u}_t^2$$

则检验 x 是 y 的格兰杰原因的原假设是 $H_0: \beta_1 = \beta_2 = \cdots = \beta_k = 0$，上述检验可用 F 检验完成：

$$F = \frac{(RSS_0 - RSS_1)/k}{RSS_1/(T-2k-1)}$$

在原假设成立的条件下，F 统计量渐近服从 $F(k, T-2k-1)$ 分布，当样本中的 F 统计量大于 $F(k, T-2k-1)$ 分布的临界值，则拒绝原假设，表明 x 是 y 的格兰杰原因。当样本中的 F 统计量小于 $F(k, T-2k-1)$ 分布的临界值，则不能拒绝原假设，表明 x 不是 y 的格兰杰原因。

第二节　教育与中国城镇化水平的因果分析

由于要对普通教育和职业教育及其不同层次与城镇化水平的关系进行实证研究，关于普通教育和职业教育及其不同层次测度，利用相应教育在校生数和毕业生数之和占城镇总人口数的比重来衡量；利用城镇人口占总人口比重衡量城镇化水平。本节选择的样本时间是 1992~2012 年，其中 1992~2008 年的数据来源于《新中国 60 年统计资料汇编》，2009~2012 年的数据来源于国家统计局网站提供的《中国统计年鉴》，由于数据的自然对数变换不改变原变量之间的关系，并能使其趋势线性化，消除时间序列中存在的异方差，所以已经对各序列进行自然对数变换。

一、教育与中国城镇化水平的平稳性检验

本节运用 Eviews6.0 软件对普通教育和职业教育及其不同层次与城镇化水平的对数序列使用 ADF 来检验平稳性，滞后期根据赤池信息准则（AIC）和施瓦茨准则（SC）选择，这里为了方便研究，用字母 GE、GEG、GEZ、GEC、VE、VEG、VEZ、VEC、UR 分别代表普通教育、普通高等教育、普通中等教育、普通初等教育、职业教育、高等职业教育、中等职业教育、初等职业教育、城镇化水平，表 5-1 给出了平稳性检验形式、ADF 统计量、临界值和结论。

第五章 普通教育和职业教育与中国城镇化关系的因果分析

表 5-1　　　　　　　　　ADF 平稳性检验结果

变量	检验形式	ADF 统计量	临界值	结论
lnGE	（C N 1）	-1.571561	-2.650413 ***	非平稳
DlnGE	（C T 0）	-4.091401	-3.658446 **	平稳
lnGEG	（C T 1）	-1.978589	-2.650413 ***	非平稳
DlnGEG	（C T 4）	-11.56712	-4.667883 *	平稳
lnGEZ	（C T 0）	2.711527	-3.261452 ***	非平稳
DlnGEZ	（C T 0）	-3.565308	-3.268973 ***	平稳
lnGEC	（C N 2）	0.281885	-2.655194 ***	非平稳
DlnGEC	（C N 4）	-5.935270	-3.920350 *	平稳
lnVE	（C N 4）	-0.784312	-2.666593 *	非平稳
DlnVE	（C N 3）	-3.105010	-3.052169 **	平稳
lnVEG	（C N 1）	-1.451732	-2.650413 ***	非平稳
DlnVEG	（C T 6）	-12.94933	-4.800080 *	平稳
lnVEZ	（C N 1）	-1.944563	-2.650413 ***	非平稳
DlnVEZ	（C T 0）	-3.832194	-3.673616 **	平稳
lnVEC	（C T 0）	-2.054433	-3.261452 ***	非平稳
DlnVEC	（C T 0）	-4.858628	-4.498307 *	平稳
lnUR	（C N 0）	-1.020180	-2.646119 ***	非平稳
DlnUR	（C T 0）	-4.942438	-4.532598 *	平稳

注：检验形式（C T K）分别表示单位根检验方程包括常数项、时间趋势和滞后阶数，N 表示不包括，加入滞后项是为了使残差项为白噪声；*、**、*** 分别表示 1%、5%、10% 的临界值。

从表 5-1 可以得知，变量 lnGE 的 ADF 统计量为 -1.571561，而显著性水平 10% 临界值为 -2.650413，显然 lnGE 的 ADF 统计量大于临界值，故 lnGE 不能拒绝单位根假设，是非平稳的，进一步对 lnGE 一阶差分变量 DlnGE 进行 ADF 检验，变量 DlnGE 的 ADF 统计量为 -4.091401，而显著性水平 5% 临界值为 -3.658446，显然 DlnGE 的 ADF 统计量小于临界值，故 DlnGE 拒绝单位根假设，是平稳的，即变量为一阶平稳变量。

变量 lnGEG 的 ADF 统计量为 -1.978589，而显著性水平 10% 临界值为 -2.650413，显然 lnGEG 的 ADF 统计量大于临界值，故 lnGEG 不能拒绝单位根假设，是非平稳的，进一步对 lnGEG 一阶差分变量 DlnGEG 进行 ADF 检验，变量 DlnGEG 的 ADF 统计量为 -11.56712，而显著性水平 1% 临界值为 -4.667883，显然 DlnGEG 的 ADF 统计量小于临界值，故 DlnGEG 拒绝单位根假设，是平稳的，即变量为一阶平稳变量。

变量 lnGEZ 的 ADF 统计量为 2.711527，而显著性水平 10% 临界值为 -3.261452，显然 lnGEZ 的 ADF 统计量大于临界值，故 lnGEZ 不能拒绝单位根假设，是非平稳的，进一步对 lnGEZ 一阶差分变量 DlnGEZ 进行 ADF 检验，变量 DlnGEZ 的 ADF 统计量为 -3.565308，而显著性水平 10% 临界值为 -3.268973，显然 DlnGEZ 的 ADF 统计量小于临界值，故 DlnGEZ 拒绝单位根假设，是平稳的，即变量为一阶平稳变量。

变量 lnGEC 的 ADF 统计量为 0.281885，而显著性水平 10% 临界值为 -2.655194，显然 lnGEC 的 ADF 统计量大于临界值，故 lnGEC 不能拒绝单位根假设，是非平稳的，进一步对 lnGEC 一阶差分变量 DlnGEC 进行 ADF 检验，变量 DlnGEC 的 ADF 统计量为 -5.935270，而显著性水平 1% 临界值为 -3.920350，显然 DlnGEC 的 ADF 统计量小于临界值，故 DlnGEC 拒绝单位根假设，是平稳的，即变量为一阶平稳变量。

同理，变量 lnVE、lnVEG、lnVEZ、lnVEC 的 ADF 统计量分别为 -0.784312、-1.451732、-1.944563、-2.054433，而相应的显著性水平临界值分别为 -2.666593、-2.650413、-2.650413、-3.261452，显然 lnVE、lnVEG、lnVEZ、lnVEC 的 ADF 统计量均大于临界值，故 lnVE、lnVEG、lnVEZ、lnVEC 不能拒绝单位根假设，是非平稳的，进一步对 lnVE、lnVEG、lnVEZ、lnVEC 一阶差分变量进行 ADF 检验，发现上述变量的一阶差分变量 ADF 统计量分别为 -3.105010、-12.94933、-3.832194、-4.858628，而相应显著性水平临界值分别为 -3.052169、-4.800080、-3.673616、-4.498307，显然一阶差分变量的 ADF 统计量

第五章 普通教育和职业教育与中国城镇化关系的因果分析

均小于临界值,故 lnVE、lnVEG、lnVEZ、lnVEC 的一阶差分变量均拒绝单位根假设,是平稳的,即变量为一阶平稳变量。

变量 lnUR 的 ADF 统计量为 -1.020180,而显著性水平 10% 临界值为 -2.646119,显然 lnUR 的 ADF 统计量大于临界值,故 lnUR 不能拒绝单位根假设,是非平稳的,进一步对 lnUR 一阶差分变量 DlnUR 进行 ADF 检验,变量 DlnUR 的 ADF 统计量为 -4.942438,而显著性水平 1% 临界值为 -4.532598,显然 DlnUR 的 ADF 统计量小于临界值,故 DlnUR 拒绝单位根假设,是平稳的,即变量为一阶平稳变量。

根据以上平稳性分析,得知 lnGE、lnGEG、lnGEZ、lnGEC、lnVE、lnVEG、lnVEZ、lnVEC、lnUR 均不能拒绝单位根假设(ADF 值大于临界值),是非平稳的,而其一阶差分变量 DlnGE、DlnGEG、DlnGEZ、DlnGEC、DlnVE、DlnVEG、DlnVEZ、DlnVEC、DlnUR 拒绝单位根假设(ADF 值小于临界值),是平稳的,变量为一阶平稳变量。

二、教育与中国城镇化水平的协整检验

由上述 ADF 检验可知普通教育和职业教育及其不同层次与我国城镇化水平是同阶单整的,则变量之间的某种线性组合可能是平稳的,变量之间可能存在着长期稳定的均衡关系,即协整关系。运用 Eviews6.0 软件,采用 Johansen 极大似然估计法分别对 lnGE 和 lnUR、lnGEG 和 lnUR、lnGEZ 和 lnUR、lnGEC 和 lnUR、lnVE 和 lnUR、lnVEG 和 lnUR、lnVEZ 和 lnUR、lnVEC 和 lnUR 进行协整检验。检验结果如表 5-2 所示。

表 5-2　　　　　　　Johansen 协整关系检验结果

变量	特征值	统计量	5%临界值	概率	结论	结论
lnGE 和 lnUR	0.544728	17.27553	15.49471	0.0267	没有	拒绝
	0.074032	1.538316	3.841466	0.2149	至多一个	接受

续表

变　量	特征值	统计量	5%临界值	概率	结论	结论
lnGEG 和 lnUR	0.799219	30.85256	15.49471	0.0001	没有	拒绝
	0.018111	0.347257	3.841466	0.5557	至多一个	接受
lnGEZ 和 lnUR	0.571250	17.13219	15.49471	0.0281	没有	拒绝
	0.009681	0.194563	3.841466	0.6591	至多一个	接受
lnGEC 和 lnUR	0.836773	39.47287	15.49471	0.0000	没有	拒绝
	0.148731	3.220536	3.841466	0.0727	至多一个	接受
lnVE 和 lnUR	0.603484	26.39738	25.87211	0.0430	没有	拒绝
	0.371423	8.821631	12.51798	0.1916	至多一个	接受
lnVEG 和 lnUR	0.730385	32.65943	25.87211	0.0061	没有	拒绝
	0.335126	7.755001	12.51798	0.2723	至多一个	接受
lnVEZ 和 lnUR	0.685052	30.24582	25.87211	0.0196	没有	拒绝
	0.327325	7.533373	12.51798	0.2922	至多一个	接受
lnVEC 和 lnUR	0.880939	49.06542	25.87211	0.0000	没有	拒绝
	0.449945	10.75927	12.51798	0.0966	至多一个	接受

具体而言，当原假设为不存在协整关系时，变量 lnGE 和 lnUR 的迹统计量为 17.27553，而显著性水平 5%临界值为 15.49471，显然迹统计量大于临界值，故拒绝不存在协整关系的原假设，说明变量间存在协整关系，继续下面的检验，变量 lnGE 和 lnUR 的迹统计量为 1.538316，而显著性水平 5%临界值为 3.841466，显然迹统计量小于临界值，故接受存在至多一个协整关系的原假设。

当原假设为不存在协整关系时，变量 lnGEG 和 lnUR 的迹统计量为 30.85256，而显著性水平 5%临界值为 15.49471，显然迹统计量大于临界值，故拒绝不存在协整关系的原假设，说明变量间存在协整关系，继续下面的检验，变量 lnGEG 和 lnUR 的迹统计量为 0.347257，而显著性水平 5%临界值为 3.841466，显然迹统计量小于临界值，故接受存在至多一个协整关系的原假设。

当原假设为不存在协整关系时，变量 lnGEZ 和 lnUR 的迹统计量为

第五章 普通教育和职业教育与中国城镇化关系的因果分析

17.13219，而显著性水平 5% 临界值为 15.49471，显然迹统计量大于临界值，故拒绝不存在协整关系的原假设，说明变量间存在协整关系，继续下面的检验，变量 lnGEZ 和 lnUR 的迹统计量为 0.194563，而显著性水平 5% 临界值为 3.841466，显然迹统计量小于临界值，故接受存在至多一个协整关系的原假设。

当原假设为不存在协整关系时，变量 lnGEC 和 lnUR 的迹统计量为 39.47287，而显著性水平 5% 临界值为 15.49471，显然迹统计量大于临界值，故拒绝不存在协整关系的原假设，说明变量间存在协整关系，继续下面的检验，变量 lnGEC 和 lnUR 的迹统计量为 3.220536，而显著性水平 5% 临界值为 3.841466，显然迹统计量小于临界值，故接受存在至多一个协整关系的原假设。

同理，当原假设为不存在协整关系时，变量 lnVE 和 lnUR、lnVEG 和 lnUR、lnVEZ 和 lnUR、lnVEC 和 lnUR 的迹统计量分别为 26.39738、32.65943、30.24582、49.06542，而显著性水平 5% 临界值均为 25.87211，显然迹统计量均大于临界值，故拒绝不存在协整关系的原假设，说明 lnVE 和 lnUR、lnVEG 和 lnUR、lnVEZ 和 lnUR、lnVEC 和 lnUR 变量间存在协整关系，继续下面的检验，变量 lnVE 和 lnUR、lnVEG 和 lnUR、lnVEZ 和 lnUR、lnVEC 和 lnUR 的迹统计量分别为 8.821631、7.755001、7.533373、10.75927，而显著性水平 5% 临界值均为 12.51798，显然迹统计量均小于临界值，故接受存在至多一个协整关系的原假设。因此，利用 Eviews6.0 统计软件分别就 lnGE 和 lnUR、lnGEG 和 lnUR、lnGEZ 和 lnUR、lnGEC 和 lnUR、lnVE 和 lnUR、lnVEG 和 lnUR、lnVEZ 和 lnUR、lnVEC 和 lnUR 做 OLS 估计，具体回归方程如下：

$$\ln UR = 0.875622754931 \times \ln GE + [AR(1) = 1.069380614]$$
$$(0.0000) \qquad\qquad\qquad (0.0000)$$
$$\text{Adjusted } R^2 = 0.996912$$
$$\ln UR = 0.407421364734 + 0.248717176315 \times \ln GEG$$
$$(0.0000) \qquad\qquad (0.0000)$$

$$\text{Adjusted } R^2 = 0.987578 \quad \text{F-statistic} = 1670.494$$

$$\ln UR = 1.45703749501 + 0.972697251423 \times \ln GEZ$$

$$(0.0001) \quad\quad\quad (0.0000)$$

$$\text{Adjusted } R^2 = 0.771711 \quad \text{F-statistic} = 71.98857$$

$$\ln UR = -3.79445845126 - 1.27154161093 \times \ln GEC$$

$$(0.0000) \quad\quad\quad (0.0000)$$

$$\text{Adjusted } R^2 = 0.854416 \quad \text{F-statistic} = 124.2463$$

$$\ln UR = 3.20288881923 + 1.14197637372 \times \ln VE$$

$$(0.0002) \quad\quad\quad (0.0000)$$

$$\text{Adjusted } R^2 = 0.627309 \quad \text{F-statistic} = 36.34687$$

$$\ln UR = 0.265297633169 + 0.209992593286 \times \ln VEG$$

$$(0.0000) \quad\quad\quad (0.0000)$$

$$\text{Adjusted } R^2 = 0.964493 \quad \text{F-statistic} = 571.4335$$

$$\ln UR = 1.65571946824 + 0.603212496129 \times \ln VEZ$$

$$(0.0000) \quad\quad\quad (0.0000)$$

$$\text{Adjusted } R^2 = 0.931095 \quad \text{F-statistic} = 288.3919$$

$$\ln UR = -2.5400808521 - 0.314678654385 \times \ln VEC$$

$$(0.0000) \quad\quad\quad (0.0000)$$

$$\text{Adjusted } R^2 = 0.970577 \quad \text{F-statistic} = 693.7315$$

从上述回归结果可知，拟合度较好，通过了 F 整体检验。普通教育、职业教育、普通高等教育、普通中等教育、高等职业教育和中等职业教育与城镇化水平是正相关关系，均在 1% 显著性水平通过检验，而普通初等教育和初等职业教育与城镇化水平是负相关关系，也通过了显著性检验。

三、教育与中国城镇化水平的格兰杰因果检验

协整检验结果显示，普通教育和职业教育不同层次与我国城镇化水平

第五章 普通教育和职业教育与中国城镇化关系的因果分析

存在长期关系，短期偏离不会影响变量之间的长期关系。但是还不能识别普通教育和职业教育不同层次与我国城镇化水平的因果关系，而识别因果关系是实证研究中的一个重要方面，因此，还需要分析普通教育和职业教育不同层次与我国城镇化水平之间的格兰杰因果关系走向，由于格兰杰因果检验的任何一种检验结果都和滞后期选择有关，根据赤池信息准则（AIC）选择滞后期，检验结果分别如表 5-3 和表 5-4 所示。

表 5-3 普通教育与城镇化水平的格兰杰因果检验结果

原假设	滞后期	统计值	概率值
$\ln GE$ 不是 $\ln UR$ 变化的格兰杰原因	2	7.66446	0.0051
$\ln UR$ 不是 $\ln GE$ 变化的格兰杰原因	2	2.66629	0.0922
$\ln GEG$ 不是 $\ln UR$ 变化的格兰杰原因	3	16.2564	0.0002
$\ln UR$ 不是 $\ln GEG$ 变化的格兰杰原因	3	3.08220	0.0652
$\ln GEZ$ 不是 $\ln UR$ 变化的格兰杰原因	2	3.63369	0.0517
$\ln UR$ 不是 $\ln GEZ$ 变化的格兰杰原因	2	2.81719	0.0814
$\ln GEC$ 不是 $\ln UR$ 变化的格兰杰原因	3	7.48551	0.0044
$\ln UR$ 不是 $\ln GEC$ 变化的格兰杰原因	3	1.33200	0.3099

资料来源：作者整理。

表 5-4 职业教育与城镇化水平的格兰杰因果检验结果

原假设	滞后期	统计值	概率值
$\ln VE$ 不是 $\ln UR$ 变化的格兰杰原因	4	3.63060	0.0730
$\ln UR$ 不是 $\ln VE$ 变化的格兰杰原因	4	5.18846	0.0191
$\ln VEG$ 不是 $\ln UR$ 变化的格兰杰原因	5	7.66604	0.0638
$\ln UR$ 不是 $\ln VEG$ 变化的格兰杰原因	5	13.5842	0.0032
$\ln VEZ$ 不是 $\ln UR$ 变化的格兰杰原因	2	2.77617	0.0978
$\ln UR$ 不是 $\ln VEZ$ 变化的格兰杰原因	2	3.92237	0.0426
$\ln VEC$ 不是 $\ln UR$ 变化的格兰杰原因	3	5.15732	0.0208
$\ln UR$ 不是 $\ln VEC$ 变化的格兰杰原因	3	1.18656	0.4250

首先，从表 5-3 中可看出，$\ln GE$ 不是 $\ln UR$ 变化的格兰杰原因的概率

值为0.0051，这说明普通教育是城镇化水平变化的格兰杰原因；lnUR 不是 lnGE 变化的格兰杰原因的概率值为 0.0922，说明在 10% 水平上城镇化水平是普通教育变化的格兰杰原因。同理，lnGEG 不是 lnUR 变化的格兰杰原因的概率值为 0.0002，这说明普通高等教育是城镇化水平变化的格兰杰原因；lnUR 不是 lnGEG 变化的格兰杰原因的概率值为 0.0652，说明城镇化水平是普通高等教育变化的格兰杰原因。lnGEZ 不是 lnUR 变化的格兰杰原因和 lnUR 不是 lnGEZ 变化的格兰杰原因的概率值分别为 0.0517、0.0814，说明普通中等教育是城镇化水平变化的格兰杰原因，城镇化水平是普通中等教育变化的格兰杰原因；lnGEC 不是 lnUR 变化的格兰杰原因和 lnUR 不是 lnGEC 变化的格兰杰原因的概率值分别为 0.0044、0.3099，说明普通初等教育是城镇化水平变化的格兰杰原因，城镇化水平不是普通初等教育变化的格兰杰原因。

其次，从表 5-4 中可看出，lnVE 不是 lnUR 变化的格兰杰原因的概率值为 0.0730，这说明职业教育是城镇化水平变化的格兰杰原因，而 lnUR 不是 lnVE 变化的格兰杰原因的概率值为 0.0191，说明城镇化水平是职业教育变化的格兰杰原因。同理，lnVEG 不是 lnUR 变化的格兰杰原因的概率值为 0.0638，说明高等职业教育是城镇化水平变化的格兰杰原因，而 lnUR 不是 lnVEG 变化的格兰杰原因的概率值为 0.0032，说明城镇化水平是高等职业教育变化的格兰杰原因。lnVEZ 不是 lnUR 变化的格兰杰原因和 lnUR 不是 lnVEZ 变化的格兰杰原因的概率值分别为 0.0978、0.0426，说明中等职业教育是城镇化水平变化的格兰杰原因，城镇化水平也是中等职业教育变化的格兰杰原因；lnVEC 不是 lnUR 变化的格兰杰原因和 lnUR 不是 lnVEC 变化的格兰杰原因的概率值分别为 0.0208、0.4250，说明初等职业教育是城镇化水平变化的格兰杰原因，城镇化水平不是初等职业教育变化的格兰杰原因。

通过格兰杰因果检验可知，普通教育与职业教育通过转移农村人口，改变生育观念，减缓城镇人口增长影响了城镇化水平。我国城镇化水平提

第五章 普通教育和职业教育与中国城镇化关系的因果分析

高促进了经济增长,为教育发展奠定了物质基础,为教育发展提供了市场需求,但我国城镇产业结构中主要是工业和服务业比重较高,传统的劳动密集型工业和服务业需求的多是中等教育者,新兴工业和服务业需求的多是高等教育者,对初等教育者需求较少。

第三节　教育与中国城镇化质量的因果分析

一、教育与中国城镇化质量的平稳性检验

由于已经对普通教育和职业教育不同层次的对数序列 $lnGE$、$lnGEG$、$lnGEZ$、$lnGEC$、$lnVE$、$lnVEG$、$lnVEZ$、$lnVEC$ 使用了 ADF 来检验平稳性,得知 $lnGE$、$lnGEG$、$lnGEZ$、$lnGEC$、$lnVE$、$lnVEG$、$lnVEZ$、$lnVEC$ 是非平稳的,一阶差分变量是平稳的,变量为一阶平稳变量。因此,运用 Eviews6.0 软件对城镇化质量 $lnUZ$ 的对数序列使用 ADF 来检验平稳性,滞后期根据赤池信息准则(AIC)和施瓦茨准则(SC)选择,表 5-5 给出了平稳性检验形式、ADF 统计量、临界值和结论。从表 5-5 可以得知,变量 $lnUZ$ 的 ADF 统计量为 1.934370,显著性水平 10% 临界值为 -2.650413,显然 $lnUZ$ 的 ADF 统计量大于临界值,故 $lnUZ$ 不能拒绝单位根假设,是非平稳的;进一步对 $lnUZ$ 一阶差分变量 $DlnUZ$ 进行 ADF 检验,变量 $DlnUZ$ 的 ADF 统计量为 -2.849871,显著性水平 10% 临界值为 -2.650413,显然 $DlnUZ$ 的 ADF 统计量小于临界值,故 $DlnGE$ 拒绝单位根假设,是平稳的,即变量为一阶平稳变量。

表 5-5　　　　　　　　ADF 平稳性检验结果

变量	检验形式	ADF 统计量	临界值	结论
$lnUZ$	(C N 0)	1.934370	-2.650413***	非平稳
$DlnUZ$	(C N 0)	-2.849871	-2.650413***	平稳

注:检验形式(C T K)分别表示单位根检验方程包括常数项、时间趋势和滞后阶数,N 表示不包括,加入滞后项是为了使残差项为白噪声;*、**、*** 分别表示1%、5%和10%的临界值。

二、教育与中国城镇化质量的协整检验

从 ADF 检验可知普通教育和职业教育及其不同层次与我国城镇化质量是同阶单整的，则变量之间的某种线性组合可能是平稳的，变量之间可能存在着长期稳定的均衡关系，即协整关系。运用 Eviews6.0 软件，采用 Johansen 极大似然估计法分别对 $\ln GE$ 和 $\ln UZ$、$\ln GEG$ 和 $\ln UZ$、$\ln GEZ$ 和 $\ln UZ$、$\ln GEC$ 和 $\ln UZ$、$\ln VE$ 和 $\ln UZ$、$\ln VEG$ 和 $\ln UZ$、$\ln VEZ$ 和 $\ln UZ$、$\ln VEC$ 和 $\ln UZ$ 进行协整检验。检验结果如表 5–6 所示。

表 5–6　　　　　　　Johansen 协整关系检验结果

变量	特征值	统计量	5%临界值	概率	结论	结论
$\ln GE$ 和 $\ln UZ$	0.522739	17.25171	15.49471	0.0269	没有	拒绝
	0.115642	2.457875	3.841466	0.1169	至多一个	接受
$\ln GEG$ 和 $\ln UZ$	0.667457	27.97502	25.87211	0.0270	没有	拒绝
	0.257523	5.955264	12.51798	0.4660	至多一个	接受
$\ln GEZ$ 和 $\ln UZ$	0.550175	16.26919	15.49471	0.0382	没有	拒绝
	0.014457	0.291254	3.841466	0.5894	至多一个	接受
$\ln GEC$ 和 $\ln UZ$	0.840415	36.76201	15.49471	0.0000	没有	拒绝
	0.002916	0.058412	3.841466	0.8090	至多一个	接受
$\ln VE$ 和 $\ln UZ$	0.665293	27.90064	25.87211	0.0276	没有	拒绝
	0.259577	6.010671	12.51798	0.4589	至多一个	接受
$\ln VEG$ 和 $\ln UZ$	0.687574	27.95808	25.87211	0.0271	没有	拒绝
	0.209046	4.690320	12.51798	0.6413	至多一个	接受
$\ln VEZ$ 和 $\ln UZ$	0.687204	30.04930	25.87211	0.0142	没有	拒绝
	0.288416	6.805238	12.51798	0.3653	至多一个	接受
$\ln VEC$ 和 $\ln UZ$	0.666220	31.71771	25.87211	0.0083	没有	拒绝
	0.386523	9.772255	12.51798	0.1379	至多一个	接受

具体而言，当原假设为不存在协整关系时，变量 $\ln GE$ 和 $\ln UZ$、$\ln GEG$ 和 $\ln UZ$、$\ln GEZ$ 和 $\ln UZ$、$\ln GEC$ 和 $\ln UZ$ 的迹统计量分别为 17.25171、

第五章 普通教育和职业教育与中国城镇化关系的因果分析

27.97502、16.26919、36.76201，显著性水平5%临界值分别为15.49471、25.87211、15.49471、15.49471，显然迹统计量均大于临界值，故拒绝不存在协整关系的原假设，说明 $\ln GE$ 和 $\ln UZ$、$\ln GEG$ 和 $\ln UZ$、$\ln GEZ$ 和 $\ln UZ$、$\ln GEC$ 和 $\ln UZ$ 变量间存在协整关系。变量 $\ln GE$ 和 $\ln UZ$、$\ln GEG$ 和 $\ln UZ$、$\ln GEZ$ 和 $\ln UZ$、$\ln GEC$ 和 $\ln UZ$ 的迹统计量分别为 2.457875、5.955264、0.291254、0.058412，显著性水平5%临界值分别为3.841466、12.51798、3.841466、3.841466，显然迹统计量均小于临界值，故接受存在至多一个协整关系的原假设。

同理，当原假设为不存在协整关系时，变量 $\ln VE$ 和 $\ln UZ$、$\ln VEG$ 和 $\ln UZ$、$\ln VEZ$ 和 $\ln UZ$、$\ln VEC$ 和 $\ln UZ$ 的迹统计量分别为 27.90064、27.95808、30.04930、31.71771，而显著性水平5%临界值均为25.87211，显然迹统计量均大于临界值，故拒绝不存在协整关系的原假设，说明 $\ln VE$ 和 $\ln UZ$、$\ln VEG$ 和 $\ln UZ$、$\ln VEZ$ 和 $\ln UZ$、$\ln VEC$ 和 $\ln UZ$ 变量间存在协整关系。变量 $\ln VE$ 和 $\ln UZ$、$\ln VEG$ 和 $\ln UZ$、$\ln VEZ$ 和 $\ln UZ$、$\ln VEC$ 和 $\ln UZ$ 的迹统计量分别为 6.010671、4.690320、6.805238、9.772255，显著性水平5%临界值均为12.51798，显然迹统计量均小于临界值，故接受存在至多一个协整关系的原假设。因此，利用 Eviews6.0 软件分别就 $\ln GE$ 和 $\ln UZ$、$\ln GEG$ 和 $\ln UZ$、$\ln GEZ$ 和 $\ln UZ$、$\ln GEC$ 和 $\ln UZ$、$\ln VE$ 和 $\ln UZ$、$\ln VEG$ 和 $\ln UZ$、$\ln VEZ$ 和 $\ln UZ$、$\ln VEC$ 和 $\ln UZ$ 做 OLS 估计，具体回归方程如下：

$$\ln UZ = 0.277292937914 \times \ln GE + [AR(1) = 1.60957800268, AR(2) = -0.649602339551]$$

(0.0000) (0.0000)

(0.0006)

Adjusted $R^2 = 0.998448$ F-statistic $= 90.59442$

$$\ln UZ = 0.818209972707 + 0.0853995318608 \times \ln GEG$$

(0.0000) (0.0000)

$$\text{Adjusted } R^2 = 0.971932 \quad \text{F-statistic} = 728.1870$$

$$\ln UZ = 1.14467278354 + 0.320245302343 \times \ln GEZ$$

$$(0.0000) \qquad (0.0000)$$

$$\text{Adjusted } R^2 = 0.694100 \quad \text{F-statistic} = 48.64984$$

$$\ln UZ = -0.657141867861 - 0.451142488215 \times \ln GEC$$

$$(0.0000) \qquad (0.0000)$$

$$\text{Adjusted } R^2 = 0.901122 \quad \text{F-statistic} = 192.3838$$

$$\ln UZ = 1.84802116531 + 0.41136895365 \times \ln VE$$

$$(0.0000) \qquad (0.0000)$$

$$\text{Adjusted } R^2 = 0.684239 \quad \text{F-statistic} = 46.50597$$

$$\ln UZ = 0.767625637853 + 0.0717934522806 \times \ln VEG$$

$$(0.0000) \qquad (0.0000)$$

$$\text{Adjusted } R^2 = 0.940633 \quad \text{F-statistic} = 333.7327$$

$$\ln UZ = 1.25087290073 + 0.208057702095 \times \ln VEZ$$

$$(0.0000) \qquad (0.0000)$$

$$\text{Adjusted } R^2 = 0.925884 \quad \text{F-statistic} = 263.3412$$

$$\ln UZ = -0.202959346659 - 0.109846498712 \times \ln VEC$$

$$(0.0000) \qquad (0.0000)$$

$$\text{Adjusted } R^2 = 0.988929 \quad \text{F-statistic} = 1876.808$$

从上述回归结果可知，拟合度较好，通过了F整体检验。普通教育、职业教育、普通高等教育、普通中等教育、高等职业教育和中等职业教育与城镇化质量是正相关关系，均在不同显著性水平通过检验，而普通初等教育和初等职业教育与城镇化质量是负相关关系，也通过了显著性检验。

三、教育与中国城镇化质量的格兰杰因果检验

协整检验结果显示，普通教育和职业教育不同层次与我国城镇化质量

第五章 普通教育和职业教育与中国城镇化关系的因果分析

存在长期关系，短期偏离不会影响变量之间的长期关系。但是还不能识别普通教育和职业教育及其不同层次与我国城镇化质量的因果关系，而识别因果关系是实证研究中的一个重要方面，因此，还需要分析普通教育和职业教育及其不同层次与我国城镇化质量之间的格兰杰因果关系走向，由于格兰杰因果检验的任何一种检验结果都和滞后期选择有关，根据赤池信息准则（AIC）选择滞后期，检验结果分别如表5-7和表5-8所示。

表5-7　　普通教育与城镇化质量的格兰杰因果检验结果

原假设	滞后期	统计值	概率值
$\ln GE$ 不是 $\ln UZ$ 变化的格兰杰原因	2	2.78403	0.0937
$\ln UZ$ 不是 $\ln GE$ 变化的格兰杰原因	2	7.98279	0.0044
$\ln GEG$ 不是 $\ln UZ$ 变化的格兰杰原因	3	4.13688	0.0361
$\ln UZ$ 不是 $\ln GEG$ 变化的格兰杰原因	3	8.60997	0.0025
$\ln GEZ$ 不是 $\ln UZ$ 变化的格兰杰原因	2	2.72652	0.0950
$\ln UZ$ 不是 $\ln GEZ$ 变化的格兰杰原因	2	4.43828	0.0306
$\ln GEC$ 不是 $\ln UZ$ 变化的格兰杰原因	3	8.84021	0.0023
$\ln UZ$ 不是 $\ln GEC$ 变化的格兰杰原因	3	0.63462	0.6068

表5-8　　职业教育与城镇化质量的格兰杰因果检验结果

原假设	滞后期	统计值	概率值
$\ln VE$ 不是 $\ln UZ$ 变化的格兰杰原因	4	3.45310	0.0583
$\ln UZ$ 不是 $\ln VE$ 变化的格兰杰原因	4	4.66586	0.0258
$\ln VEG$ 不是 $\ln UZ$ 变化的格兰杰原因	5	4.46187	0.0282
$\ln UZ$ 不是 $\ln VEG$ 变化的格兰杰原因	5	7.20465	0.0161
$\ln VEZ$ 不是 $\ln UZ$ 变化的格兰杰原因	3	3.60220	0.0459
$\ln UZ$ 不是 $\ln VEZ$ 变化的格兰杰原因	3	3.25668	0.0596
$\ln VEC$ 不是 $\ln UZ$ 变化的格兰杰原因	2	3.01595	0.0793
$\ln UZ$ 不是 $\ln VEC$ 变化的格兰杰原因	2	0.16448	0.8498

首先，从表5-7中可看出，$\ln GE$ 不是 $\ln UZ$ 变化的格兰杰原因的概率

值为 0.0937，这说明普通教育是城镇化质量变化的格兰杰原因，而 lnUZ 不是 lnGE 变化的格兰杰原因的概率值为 0.0044，说明城镇化质量是普通教育变化的格兰杰原因。同理，lnGEG 不是 lnUZ 变化的格兰杰原因的概率值为 0.0361，说明普通高等教育是城镇化质量变化的格兰杰原因，而 lnUZ 不是 lnGEG 变化的格兰杰原因的概率值为 0.0025，说明城镇化质量是普通高等教育变化的格兰杰原因。lnGEZ 不是 lnUZ 变化的格兰杰原因和 lnUZ 不是 lnGEZ 变化的格兰杰原因的概率值分别为 0.0950、0.0306，说明普通中等教育是城镇化质量变化的格兰杰原因，城镇化质量也是普通中等教育变化的格兰杰原因；lnGEC 不是 lnUZ 变化的格兰杰原因和 lnUZ 不是 lnGEC 变化的格兰杰原因的概率值分别为 0.0023、0.6068，说明普通初等教育是城镇化质量变化的格兰杰原因，城镇化质量不是普通初等教育变化的格兰杰原因。

其次，从表 5–8 中可看出，lnVE 不是 lnUZ 变化的格兰杰原因的概率值为 0.0583，说明职业教育是城镇化质量变化的格兰杰原因，而 lnUZ 不是 lnVE 变化的格兰杰原因的概率值为 0.0258，说明城镇化质量是职业教育变化的格兰杰原因。同理，lnVEG 不是 lnUZ 变化的格兰杰原因的概率值为 0.0282，说明高等职业教育是城镇化质量变化的格兰杰原因，而 lnUZ 不是 lnVEG 变化的格兰杰原因的概率值为 0.0161，说明城镇化质量是高等职业教育变化的格兰杰原因。lnVEZ 不是 lnUZ 变化的格兰杰原因和 lnUZ 不是 lnVEZ 变化的格兰杰原因的概率值分别为 0.0459、0.0596，说明中等职业教育是城镇化质量变化的格兰杰原因，城镇化质量也是中等职业教育变化的格兰杰原因；lnVEC 不是 lnUZ 变化的格兰杰原因和 lnUZ 不是 lnVEC 变化的格兰杰原因的概率值分别为 0.0793、0.8498，说明初等职业教育是城镇化质量变化的格兰杰原因，城镇化质量不是初等职业教育变化的格兰杰原因。

通过格兰杰因果检验可知，普通教育与职业教育通过优化人口结构、产业结构和就业结构、提高劳动力质量、促进农民市民化、推动城镇民主

第五章 普通教育和职业教育与中国城镇化关系的因果分析

法治化建设、缩小城乡收入差距、推进城乡协调发展、实现教育公平等方面影响城镇化质量。我国城镇化质量提高促进了经济增长及其增长方式转变，为教育发展奠定了物质基础，为教育发展提供了市场需求，特别是增加了对于高等教育者的需求，但我国城镇产业结构中传统的劳动密集型行业和服务业比重依然较高，需求中等教育者，但对初等教育者需求将越来越较少。

第四节 教育与中国城镇化结构的因果分析

一、教育与中国城镇化结构的平稳性检验

由于已经对普通教育和职业教育及其不同层次的对数序列 $\ln GE$、$\ln GEG$、$\ln GEZ$、$\ln GEC$、$\ln VE$、$\ln VEG$、$\ln VEZ$、$\ln VEC$ 使用了 ADF 来检验平稳性。因此，运用 Eviews6.0 软件对城镇化结构 $\ln US$ 的对数序列使用 ADF 来检验平稳性。由于前面已经用二城市指数、基尼系数、HHI 指数和熵值来测度城镇化结构，因此，运用 Eviews6.0 软件对二城市指数 $\ln ER$、基尼系数 $\ln GI$、HHI 指数 $\ln HH$ 和熵值 $\ln QU$ 的对数序列使用 ADF 来检验平稳性，滞后期根据赤池信息准则（AIC）和施瓦茨准则（SC）选择，表 5-9 给出了平稳性检验形式、ADF 统计量、临界值和结论。从表 5-9 可以得知，变量 $\ln ER$、$\ln GI$、$\ln HH$ 和 $\ln QU$ 的 ADF 统计量分别为 0.609800、-0.239936、0.615521、0.907103，而显著性水平 10% 临界值分别为 -2.646119、-2.646119、-2.666593、-2.646119，显然 $\ln ER$、$\ln GI$、$\ln HH$ 和 $\ln QU$ 的 ADF 统计量大于临界值，故 $\ln ER$、$\ln GI$、$\ln HH$ 和 $\ln QU$ 不能拒绝单位根假设，是非平稳的；进一步对 $\ln ER$、$\ln GI$、$\ln HH$ 和 $\ln QU$ 一阶差分变量 $D\ln ER$、$D\ln GI$、$D\ln HH$ 和 $D\ln QU$ 进行 ADF 检验，变量 $D\ln ER$、$D\ln GI$、$D\ln HH$ 和 $D\ln QU$ 的 ADF 统计量为 -3.549800、-8.045736、

−2.954825、−4.048597，相应显著性水平临界值分别为 −3.020686、−3.831511、−2.666593、−3.808546，显然 DlnER、DlnGI、DlnHH 和 DlnQU 的 ADF 统计量小于临界值，故 DlnER、DlnGI、DlnHH 和 DlnQU 拒绝单位根假设，是平稳的，即变量为一阶平稳变量。

表 5–9　　　　　　　　　ADF 平稳性检验结果

变量	检验形式	ADF 统计量	临界值	结论
$\ln ER$	（C N 0）	0.609800	−2.646119 ***	非平稳
$D\ln ER$	（C N 0）	−3.549800	−3.020686 **	平稳
$\ln GI$	（C N 0）	−0.239936	−2.646119 ***	非平稳
$D\ln GI$	（C N 0）	−8.045736	−3.831511 *	平稳
$\ln HH$	（C N 4）	0.615521	−2.666593 ***	非平稳
$D\ln HH$	（C N 3）	−2.954825	−2.666593 ***	平稳
$\ln QU$	（C N 0）	0.907103	−2.646119 ***	非平稳
$D\ln QU$	（C N 0）	−4.048597	−3.808546 *	平稳

注：检验形式（C T K）分别表示单位根检验方程包括常数项、时间趋势和滞后阶数，N 表示不包括，加入滞后项是为了使残差项为白噪声；*、**、*** 分别表示 1%、5% 和 10% 的临界值。

二、教育与中国城镇化结构的协整检验

由上述 ADF 检验可知普通教育和职业教育不同层次与我国城镇化结构是同阶单整的，则变量之间的某种线性组合可能是平稳的，变量之间可能存在着长期稳定的均衡关系，即协整关系。由于样本期内二城市指数 lnER、基尼系数 lnGI 和 HHI 指数 lnHH 三者的时间序列走势相同，因此，运用 Eviews6.0 软件，采用 Johansen 极大似然估计法只对普通教育与职业教育及不同层次与 lnER 进行协整检验，同时对普通教育与职业教育不同层次与 lnQU 进行协整检验，检验结果如表 5–10 所示。

第五章 普通教育和职业教育与中国城镇化关系的因果分析

表 5–10　　　　　Johansen 协整关系检验结果

变量	特征值	统计量	5%临界值	概率	结论	结论
lnGE 和 lnER	0.761110	29.27732	15.49471	0.0002	没有	拒绝
	0.031604	0.642292	3.841466	0.4229	至多一个	接受
lnGEG 和 lnER	0.510701	16.12550	15.49471	0.0402	没有	拒绝
	0.125348	2.544664	3.841466	0.1107	至多一个	接受
lnGEZ 和 lnER	0.540576	15.68679	15.49471	0.0468	没有	拒绝
	0.006536	0.131153	3.841466	0.7172	至多一个	接受
lnGEC 和 lnER	0.555469	19.47029	15.49471	0.0119	没有	拒绝
	0.150221	3.255572	3.841466	0.0712	至多一个	接受
lnVE 和 lnER	0.618399	27.77627	25.87211	0.0287	没有	拒绝
	0.346513	8.508655	12.51798	0.2129	至多一个	接受
lnVEG 和 lnER	0.673698	30.64997	25.87211	0.0117	没有	拒绝
	0.494904	11.61111	12.51798	0.0705	至多一个	接受
lnVEZ 和 lnER	0.694773	30.78344	25.87211	0.0113	没有	拒绝
	0.297053	7.049466	12.51798	0.3394	至多一个	接受
lnVEC 和 lnER	0.522302	18.53956	15.49471	0.0168	没有	拒绝
	0.171553	3.764043	3.841466	0.0524	至多一个	接受
lnGE 和 lnQU	0.677165	23.81864	15.49471	0.0022	没有	拒绝
	0.058534	1.206334	3.841466	0.2721	至多一个	接受
lnGEG 和 lnQU	0.672403	30.37015	25.87211	0.0128	没有	拒绝
	0.435187	10.28269	12.51798	0.1149	至多一个	接受
lnGEZ 和 lnQU	0.546109	19.43184	15.49471	0.0121	没有	拒绝
	0.166144	3.633895	3.841466	0.0566	至多一个	接受
lnGEC 和 lnQU	0.537500	15.51499	15.49471	0.0497	没有	拒绝
	0.004630	0.092809	3.841466	0.7606	至多一个	接受
lnVE 和 lnQU	0.578646	27.03935	25.87211	0.0357	没有	拒绝
	0.428130	10.61801	12.51798	0.1018	至多一个	接受

续表

变量	特征值	统计量	5%临界值	概率	结论	结论
ln*VEG* 和 ln*QU*	0.589695	28.06483	25.87211	0.0278	没有	拒绝
	0.394461	9.029467	12.51798	0.1785	至多一个	接受
ln*VEZ* 和 ln*QU*	0.594047	18.82305	15.49471	0.0152	没有	拒绝
	0.038861	0.792715	3.841466	0.3733	至多一个	接受
ln*VEC* 和 ln*QU*	0.648322	26.18121	25.87211	0.0458	没有	拒绝
	0.232043	5.280429	12.51798	0.5566	至多一个	接受

首先，当原假设为不存在协整关系时，变量 ln*GE* 和 ln*ER*、ln*GEG* 和 ln*ER*、ln*GEZ* 和 ln*ER*、ln*GEC* 和 ln*ER* 的迹统计量分别为 29.27732、16.12550、15.68679、19.47029，而显著性水平 5% 临界值均为 15.49471，显然迹统计量均大于临界值，故拒绝不存在协整关系的原假设，说明 ln*GE* 和 ln*ER*、ln*GEG* 和 ln*ER*、ln*GEZ* 和 ln*ER*、ln*GEC* 和 ln*ER* 变量间存在协整关系。变量 ln*GE* 和 ln*ER*、ln*GEG* 和 ln*ER*、ln*GEZ* 和 ln*ER*、ln*GEC* 和 ln*ER* 的迹统计量分别为 0.642292、2.544664、0.131153、3.255572，显著性水平 5% 临界值均为 3.841466，显然迹统计量均小于临界值，故接受存在至多一个协整关系的原假设。

同理，当原假设为不存在协整关系时，变量 ln*VE* 和 ln*ER*、ln*VEG* 和 ln*ER*、ln*VEZ* 和 ln*ER*、ln*VEC* 和 ln*ER* 的迹统计量分别为 27.77627、30.64997、30.78344、18.53956，显著性水平 5% 临界值分别为 25.87211、25.87211、25.87211、15.49471，显然迹统计量均大于临界值，故拒绝不存在协整关系的原假设，说明 ln*VE* 和 ln*ER*、ln*VEG* 和 ln*ER*、ln*VEZ* 和 ln*ER*、ln*VEC* 和 ln*ER* 变量间存在协整关系。变量 ln*VE* 和 ln*ER*、ln*VEG* 和 ln*ER*、ln*VEZ* 和 ln*ER*、ln*VEC* 和 ln*ER* 的迹统计量分别为 8.508655、11.61111、7.049466、3.764043，显著性水平 5% 临界值分别为 12.51798、12.51798、12.51798、3.841466，显然迹统计量均小于临界值，故接受存在至多一个协整关系的原假设。因此，利用 Eviews6.0 软件分别就 ln*GE* 和 ln*ER*、ln*GEG* 和

第五章 普通教育和职业教育与中国城镇化关系的因果分析

lnER、lnGEZ 和 lnER、lnGEC 和 lnER、lnVE 和 lnER、lnVEG 和 lnER、lnVEZ 和 lnER、lnVEC 和 lnER 做 OLS 估计,具体回归方程如下:

$$\ln ER = -0.84416021841 \times \ln GE + [\,AR(1) = 1.18790888126\,]$$

$$(0.0000) \qquad\qquad (0.0000)$$

$$\text{Adjusted } R^2 = 0.952003$$

$$\ln ER = 0.667431469556 - 0.1082253796 \times \ln GEG$$

$$(0.0000) \qquad\qquad (0.0000)$$

$$\text{Adjusted } R^2 = 0.799151 \quad F\text{-statistic} = 84.55635$$

$$\ln ER = -0.507313734743 \times \ln GEZ + [\,AR(1) = 1.6514357732, AR(2) = -0.767147618507\,]$$

$$(0.0000) \qquad\qquad (0.0000)$$

$$(0.0034)$$

$$\text{Adjusted } R^2 = 0.933140 \quad F\text{-statistic} = 46.31187$$

$$\ln ER = 2.56531706901 + 0.584308860128 \times \ln GEC$$

$$(0.0000) \qquad\qquad (0.0000)$$

$$\text{Adjusted } R^2 = 0.775486 \quad F\text{-statistic} = 73.53536$$

$$\ln ER = -0.657299573297 - 0.526735743193 \times \ln VE$$

$$(0.0786) \qquad\qquad (0.0000)$$

$$\text{Adjusted } R^2 = 0.572839 \quad F\text{-statistic} = 29.16178$$

$$\ln ER = 0.743503673943 - 0.0889065540351 \times \ln VEG$$

$$(0.0000) \qquad\qquad (0.0000)$$

$$\text{Adjusted } R^2 = 0.736007 \quad F\text{-statistic} = 59.54763$$

$$\ln ER = 0.104355157977 - 0.267093471201 \times \ln VEZ$$

$$(0.4392) \qquad\qquad (0.0000)$$

$$\text{Adjusted } R^2 = 0.782095 \quad F\text{-statistic} = 76.37245$$

$$\ln ER = 1.98877813365 + 0.144580457415 \times \ln VEC$$

$$(0.0000) \qquad\qquad (0.0000)$$

Adjusted $R^2 = 0.881211$ F-statistic $= 156.7848$

从上述回归结果可知，拟合度较好，通过了 F 整体检验。普通教育、职业教育、普通高等教育、普通中等教育、高等职业教育和中等职业教育与二城市指数衡量的城镇化结构是负相关关系，均通过显著性检验，说明普通教育、职业教育、普通高等教育、普通中等教育、高等职业教育和中等职业教育降低了二城市指数，即优化了城镇化结构；普通初等教育和初等职业教育与二城市指数衡量的城镇化结构是正相关关系，也通过显著性检验，说明普通初等教育和初等职业教育提高了二城市指数，即不利于城镇化结构优化。

其次，当原假设为不存在协整关系时，变量 $\ln GE$ 和 $\ln QU$、$\ln GEG$ 和 $\ln QU$、$\ln GEZ$ 和 $\ln QU$、$\ln GEC$ 和 $\ln QU$ 的迹统计量分别为 23.81864、30.37015、19.43184、15.51499，而显著性水平 5% 临界值分别为 15.49471、25.87211、15.49471、15.49471，显然迹统计量均大于临界值，故拒绝不存在协整关系的原假设，说明 $\ln GE$ 和 $\ln QU$、$\ln GEG$ 和 $\ln QU$、$\ln GEZ$ 和 $\ln QU$、$\ln GEC$ 和 $\ln QU$ 变量间存在协整关系；变量 $\ln GE$ 和 $\ln QU$、$\ln GEG$ 和 $\ln QU$、$\ln GEZ$ 和 $\ln QU$、$\ln GEC$ 和 $\ln QU$ 的迹统计量分别为 1.206334、10.28269、3.633893、0.092809，显著性水平 5% 临界值分别为 3.841466、12.51798、3.841466、3.841466，显然迹统计量均小于临界值，故接受存在至多一个协整关系的原假设。

同理，当原假设为不存在协整关系时，变量 $\ln VE$ 和 $\ln QU$、$\ln VEG$ 和 $\ln QU$、$\ln VEZ$ 和 $\ln QU$、$\ln VEC$ 和 $\ln QU$ 的迹统计量分别为 27.03935、28.06483、18.82305、26.18121，显著性水平 5% 临界值分别为 25.87211、25.87211、15.49471、25.87211，显然迹统计量均大于临界值，故拒绝不存在协整关系的原假设，说明 $\ln VE$ 和 $\ln QU$、$\ln VEG$ 和 $\ln QU$、$\ln VEZ$ 和 $\ln QU$、$\ln VEC$ 和 $\ln QU$ 变量间存在协整关系；变量 $\ln VE$ 和 $\ln QU$、$\ln VEG$ 和 $\ln QU$、$\ln VEZ$ 和 $\ln QU$、$\ln VEC$ 和 $\ln QU$ 的迹统计量分别为 10.61801、9.029467、0.792715、5.280429，显著性水平 5% 临界值分别为 12.51798、12.51798、

第五章 普通教育和职业教育与中国城镇化关系的因果分析

3.841466、12.51798，显然迹统计量均小于临界值，故接受存在至多一个协整关系的原假设。因此，利用 Eviews6.0 软件分别就 $\ln GE$ 和 $\ln QU$、$\ln GEG$ 和 $\ln QU$、$\ln GEZ$ 和 $\ln QU$、$\ln GEC$ 和 $\ln QU$、$\ln VE$ 和 $\ln QU$、$\ln VEG$ 和 $\ln QU$、$\ln VEZ$ 和 $\ln QU$、$\ln VEC$ 和 $\ln QU$ 做 OLS 估计，具体回归方程如下：

$$\ln QU = 0.148330001699 \times \ln GE + [AR(1) = 1.06064232028]$$
$$(0.0461) \qquad\qquad (0.0000)$$
$$\text{Adjusted } R^2 = 0.971835$$

$$\ln QU = 0.790126264847 + 0.150776639868 \times \ln GEG + [AR(1) = 0.819448388156]$$
$$(0.0009) \qquad (0.0027) \qquad\qquad (0.0000)$$
$$\text{Adjusted } R^2 = 0.970392 \quad F\text{-statistic} = 328.7495$$

$$\ln QU = 0.988441712345 + 0.403162308659 \times \ln GEZ$$
$$(0.0001) \qquad (0.0001)$$
$$\text{Adjusted } R^2 = 0.526080 \quad F\text{-statistic} = 24.31130$$

$$\ln QU = -1.45912453192 - 0.647936753007 \times \ln GEC$$
$$(0.0000) \qquad (0.0000)$$
$$\text{Adjusted } R^2 = 0.908367 \quad F\text{-statistic} = 209.1741$$

$$\ln QU = 2.23606961728 + 0.617585486669 \times \ln VE$$
$$(0.0000) \qquad (0.0000)$$
$$\text{Adjusted } R^2 = 0.758399 \quad F\text{-statistic} = 66.92032$$

$$\ln QU = 0.550558938346 + 0.0967638794039 \times \ln VEG$$
$$(0.0000) \qquad (0.0000)$$
$$\text{Adjusted } R^2 = 0.829078 \quad F\text{-statistic} = 102.8628$$

$$\ln QU = 1.23751586081 + 0.28868589905 \times \ln VEZ$$
$$(0.0000) \qquad (0.0000)$$
$$\text{Adjusted } R^2 = 0.867782 \quad F\text{-statistic} = 138.8283$$

$$\ln QU = -0.787727257674 - 0.153995538916 \times \ln VEC$$
$$(0.0000) \qquad (0.0000)$$

$$\text{Adjusted } R^2 = 0.947441 \quad F\text{-statistic} = 379.5489$$

从上述回归结果可知，拟合度较好，通过了 F 整体检验。普通教育、职业教育、普通高等教育、普通中等教育、高等职业教育和中等职业教育与熵值衡量的城镇化结构是正相关关系，均通过显著性检验，说明普通教育、职业教育、普通高等教育、普通中等教育、高等职业教育和中等职业教育提高了熵值，即优化了城镇化结构；而普通初等教育和初等职业教育与熵值衡量的城镇化结构是负相关关系，也通过了显著性检验，说明普通初等教育和初等职业教育降低了熵值，即不利于城镇化结构优化。

三、教育与中国城镇化结构的格兰杰因果检验

协整检验结果显示，普通教育和职业教育不同层次与我国城镇化结构存在长期关系，短期偏离不会影响变量之间的长期关系。但是还不能识别普通教育和职业教育不同层次与我国城镇化结构的因果关系，而识别因果关系是实证研究中的一个重要方面，因此，还需要分析普通教育和职业教育不同层次与二城市指数和熵值衡量的我国城镇化结构之间的格兰杰因果关系走向，由于格兰杰因果检验的任何一种检验结果都和滞后期选择有关，根据赤池信息准则（AIC）选择滞后期，检验结果分别如表 5-11 和表 5-12 所示。

表 5-11　　教育与二城市指数衡量的城镇化结构的格兰杰因果检验结果

原假设	滞后期	统计值	概率值
$\ln GE$ 不是 $\ln ER$ 变化的格兰杰原因	3	3.63015	0.0515
$\ln ER$ 不是 $\ln GE$ 变化的格兰杰原因	3	8.85355	0.0023
$\ln GEG$ 不是 $\ln ER$ 变化的格兰杰原因	3	2.66793	0.0950
$\ln ER$ 不是 $\ln GEG$ 变化的格兰杰原因	3	4.73056	0.0238
$\ln GEZ$ 不是 $\ln ER$ 变化的格兰杰原因	2	3.05692	0.0768
$\ln ER$ 不是 $\ln GEZ$ 变化的格兰杰原因	2	3.63306	0.0517

第五章　普通教育和职业教育与中国城镇化关系的因果分析

续表

原假设	滞后期	统计值	概率值
lnGEC 不是 lnER 变化的格兰杰原因	2	9.88859	0.0018
lnER 不是 lnGEC 变化的格兰杰原因	2	1.82292	0.1956
lnVE 不是 lnER 变化的格兰杰原因	2	3.54129	0.0550
lnER 不是 lnVE 变化的格兰杰原因	2	9.12574	0.0020
lnVEG 不是 lnER 变化的格兰杰原因	3	2.62767	0.0982
lnER 不是 lnVEG 变化的格兰杰原因	3	4.47723	0.0357
lnVEZ 不是 lnER 变化的格兰杰原因	2	3.17610	0.0708
lnER 不是 lnVEZ 变化的格兰杰原因	2	4.48506	0.0373
lnVEC 不是 lnER 变化的格兰杰原因	2	4.46856	0.0300
lnER 不是 lnVEC 变化的格兰杰原因	2	1.52935	0.2486

表 5–12　教育与熵值衡量的城镇化结构的格兰杰因果检验结果

原假设	滞后期	统计值	概率值
lnGE 不是 lnQU 变化的格兰杰原因	2	3.99147	0.0346
lnQU 不是 lnGE 变化的格兰杰原因	2	12.9496	0.0005
lnGEG 不是 lnQU 变化的格兰杰原因	2	2.98382	0.0811
lnQU 不是 lnGEG 变化的格兰杰原因	2	3.64180	0.0592
lnGEZ 不是 lnQU 变化的格兰杰原因	2	3.51037	0.0526
lnQU 不是 lnGEZ 变化的格兰杰原因	2	3.54913	0.0547
lnGEC 不是 lnQU 变化的格兰杰原因	2	7.75618	0.0049
lnQU 不是 lnGEC 变化的格兰杰原因	2	0.63497	0.5436
lnVE 不是 lnQU 变化的格兰杰原因	2	5.12149	0.0147
lnQU 不是 lnVE 变化的格兰杰原因	2	3.82952	0.0438
lnVEG 不是 lnQU 变化的格兰杰原因	2	4.53922	0.0287
lnQU 不是 lnVEG 变化的格兰杰原因	2	4.48364	0.0202
lnVEZ 不是 lnQU 变化的格兰杰原因	4	12.4329	0.0007
lnQU 不是 lnVEZ 变化的格兰杰原因	4	3.26681	0.0790
lnVEC 不是 lnQU 变化的格兰杰原因	2	4.03286	0.0397
lnQU 不是 lnVEC 变化的格兰杰原因	2	2.23282	0.1416

首先，从表 5-11 中可看出，$\ln GE$ 不是 $\ln ER$ 变化的格兰杰原因的概率值为 0.0515，这说明普通教育是二城市指数衡量的城镇化结构变化的格兰杰原因，而 $\ln ER$ 不是 $\ln GE$ 变化的格兰杰原因的概率值为 0.0023，说明二城市指数衡量的城镇化结构是普通教育变化的格兰杰原因。同理，$\ln GEG$ 不是 $\ln ER$ 变化的格兰杰原因的概率值为 0.0950，说明普通高等教育是二城市指数衡量的城镇化结构变化的格兰杰原因，而 $\ln ER$ 不是 $\ln GEG$ 变化的格兰杰原因的概率值为 0.0238，说明二城市指数衡量的城镇化结构是普通高等教育变化的格兰杰原因。$\ln GEZ$ 不是 $\ln ER$ 变化的格兰杰原因和 $\ln ER$ 不是 $\ln GEZ$ 变化的格兰杰原因的概率值分别为 0.0768、0.0517，说明普通中等教育是二城市指数衡量的城镇化结构变化的格兰杰原因，二城市指数衡量的城镇化结构也是普通中等教育变化的格兰杰原因；$\ln GEC$ 不是 $\ln ER$ 变化的格兰杰原因和 $\ln ER$ 不是 $\ln GEC$ 变化的格兰杰原因的概率值分别为 0.0018、0.1956，说明普通初等教育是二城市指数衡量的城镇化结构变化的格兰杰原因，二城市指数衡量的城镇化结构不是普通初等教育变化的格兰杰原因。

其次，从表 5-11 中可看出，$\ln VE$ 不是 $\ln ER$ 变化的格兰杰原因的概率值为 0.0550，说明职业教育是二城市指数衡量的城镇化结构变化的格兰杰原因，而 $\ln ER$ 不是 $\ln VE$ 变化的格兰杰原因的概率值为 0.0020，说明二城市指数衡量的城镇化结构是职业教育变化的格兰杰原因。同理，$\ln VEG$ 不是 $\ln ER$ 变化的格兰杰原因的概率值为 0.0982，说明高等职业教育是二城市指数衡量的城镇化结构变化的格兰杰原因，而 $\ln ER$ 不是 $\ln VEG$ 变化的格兰杰原因的概率值为 0.0357，说明二城市指数衡量的城镇化结构是高等职业教育变化的格兰杰原因。$\ln VEZ$ 不是 $\ln ER$ 变化的格兰杰原因和 $\ln ER$ 不是 $\ln VEZ$ 变化的格兰杰原因的概率值分别为 0.0708、0.0373，说明中等职业教育是二城市指数衡量的城镇化结构变化的格兰杰原因，二城市指数衡量的城镇化结构也是中等职业教育变化的格兰杰原因；$\ln VEC$ 不是 $\ln ER$ 变化的格兰杰原因和 $\ln ER$ 不是 $\ln VEC$ 变化的格兰杰原因的概率值分

第五章　普通教育和职业教育与中国城镇化关系的因果分析

别为 0.0300、0.2486，说明初等职业教育是二城市指数衡量的城镇化结构变化的格兰杰原因，二城市指数衡量的城镇化结构不是初等职业教育变化的格兰杰原因。

再次，从表 5-12 中可看出，$\ln GE$ 不是 $\ln QU$ 变化的格兰杰原因的概率值为 0.0346，说明普通教育是熵值衡量的城镇化结构变化的格兰杰原因，而 $\ln QU$ 不是 $\ln GE$ 变化的格兰杰原因的概率值为 0.0005，说明熵值衡量的城镇化结构是普通教育变化的格兰杰原因。同理，$\ln GEG$ 不是 $\ln QU$ 变化的格兰杰原因的概率值为 0.0811，说明普通高等教育是熵值衡量的城镇化结构变化的格兰杰原因，而 $\ln QU$ 不是 $\ln GEG$ 变化的格兰杰原因的概率值为 0.0592，说明熵值衡量的城镇化结构是普通高等教育变化的格兰杰原因。$\ln GEZ$ 不是 $\ln QU$ 变化的格兰杰原因和 $\ln QU$ 不是 $\ln GEZ$ 变化的格兰杰原因的概率值分别为 0.0526、0.0547，说明普通中等教育是熵值衡量的城镇化结构变化的格兰杰原因，熵值衡量的城镇化结构也是普通中等教育变化的格兰杰原因；$\ln GEC$ 不是 $\ln QU$ 变化的格兰杰原因和 $\ln QU$ 不是 $\ln GEC$ 变化的格兰杰原因的概率值分别为 0.0049、0.5436，说明普通初等教育是熵值衡量的城镇化结构变化的格兰杰原因，熵值衡量的城镇化结构不是普通初等教育变化的格兰杰原因。

最后，从表 5-12 中可看出，$\ln VE$ 不是 $\ln QU$ 变化的格兰杰原因的概率值为 0.0147，说明职业教育是熵值衡量的城镇化结构变化的格兰杰原因，而 $\ln QU$ 不是 $\ln VE$ 变化的格兰杰原因的概率值为 0.0438，说明熵值衡量的城镇化结构是职业教育变化的格兰杰原因。同理，$\ln VEG$ 不是 $\ln QU$ 变化的格兰杰原因的概率值为 0.0287，说明高等职业教育是熵值衡量的城镇化结构变化的格兰杰原因，而 $\ln QU$ 不是 $\ln VEG$ 变化的格兰杰原因的概率值为 0.0202，说明熵值衡量的城镇化结构是高等职业教育变化的格兰杰原因。$\ln VEZ$ 不是 $\ln QU$ 变化的格兰杰原因和 $\ln QU$ 不是 $\ln VEZ$ 变化的格兰杰原因的概率值分别为 0.0007、0.0790，说明中等职业教育是熵值衡量的城镇化结构变化的格兰杰原因，熵值衡量的城镇化结构也是中等职业教育变化的格兰杰原因；$lnVEC$ 不是 $lnQU$ 变化的格兰杰原因和 $lnQU$ 不是 $lnVEC$ 变化的格兰杰原因的概率值分别为 0.0397、0.1416，说明初等职业教育是熵值衡量的城镇化结构变化的格兰杰原因，熵值衡量的城镇化结构不是初等职业教育变化的格兰杰原因。

通过格兰杰因果检验可知，普通教育与职业教育通过农村劳动力转移效应、生育观念转变效应、拉动内需效应、要素配置效应、市场拥挤效应、归属感效应等方面影响城镇化结构。我国城镇化结构优化促进了经济增长，为教育发展奠定了物质基础，为教育发展提供了市场需求，特别是增加了对于高等教育者的需求，但城镇化结构中中小城镇的劳动密集型行业和服务业比重较高，中小城镇的发展会增加对中等教育者的需求，而对初等教育者需求将越来越较少。

第五节　本章小结

本章利用我国 1992~2012 年的经济数据，对普通教育和职业教育与我国城镇化水平、质量和结构进行因果分析。本章首先介绍了平稳性检验、协整检验和格兰杰因果检验等基本概念，然后在此基础上对普通教育和职业教育与我国城镇化水平、质量和结构进行平稳性检验、协整检验和格兰杰因果检验。得到了以下结论：

一是根据平稳性分析，得知普通教育、职业教育、普通高等教育、高等职业教育、中等职业教育、普通中等教育、普通初等教育和初等职业教育与城镇化水平、质量和结构的一阶差分变量是平稳的，变量均为一阶平稳变量。

二是根据协整检验，得知普通教育、职业教育、普通高等教育、高等职业教育、中等职业教育、普通中等教育、普通初等教育和初等职业教育分别与城镇化水平、质量和结构存在长期关系，短期偏离不会影响变量之

第五章　普通教育和职业教育与中国城镇化关系的因果分析

间的长期关系。普通教育、职业教育、普通高等教育、高等职业教育、中等职业教育、普通中等教育分别与城镇化水平、质量是显著的正相关关系，上述教育也优化了城镇化结构，而普通初等教育和初等职业教育与城镇化水平、质量是负相关关系，两者也不利于城镇化结构优化。

三是普通教育、职业教育、普通高等教育、高等职业教育、中等职业教育、普通中等教育分别与城镇化水平、质量和结构变化互为格兰杰原因，而普通初等教育和初等职业教育是城镇化水平、质量和结构变化的格兰杰原因，城镇化水平、质量和结构不是普通初等教育和初等职业教育变化的格兰杰原因。

因此，本章简单对普通教育、职业教育与我国城镇化水平、质量及结构关系的内在机理进行了因果检验，在其中进行了协整分析，得到了普通教育和职业教育不同层次对我国城镇化水平、质量及结构的影响。由于未考虑控制变量因素对城镇化水平、质量及结构的影响，上述协整分析得出的正面影响或负面影响结论有待进一步证明；同样普通教育和职业教育不同层次对不同区域城镇化水平、质量及结构的影响是正面影响还是负面影响也有待证明，并且由于未考虑控制变量等因素，协整分析也未能准确告知普通教育和职业教育不同层次对我国不同区域城镇化水平、质量及结构的影响，有待证明。

第六章

普通教育与职业教育对中国城镇化水平影响的实证分析

本章将利用 1992~2012 年城市动态面板数据模型来实证研究普通教育与职业教育对中国城镇化水平的影响。

第一节 动态面板数据模型形式

目前，实证研究中所使用的数据一般为三种：时间序列数据、截面数据和面板数据。时间序列数据是利用一个变量在不同时间的观测值产生的数据进行分析；截面数据是利用不同个体在同一时点上的观测值产生的数据；面板数据则是利用不同个体在不同时点上的观测值产生的数据，这些数据带有时间序列和截面的两重性，所以也叫混合数据。

由于时间序列模型只能反映同质的非时变不可观测因素，不能揭示不可观测的非时变异质因素的影响，且我国幅员辽阔，不同区域的差异较为显著，第五章中采用时间序列模型来实证研究普通教育与职业教育对中国城镇化水平的影响，就不能考察东部、中部和西部地区的普通教育与职业

第六章　普通教育与职业教育对中国城镇化水平影响的实证分析

教育对城镇化水平影响的差异性，如果采用截面数据模型，虽然可以反映东部、中部、西部地区的普通教育与职业教育对城镇化水平影响的差异性，但截面数据模型忽视了不可观测的异质性因素，容易影响参数估计的有效性和一致性，且只能静态地反映一个时间点的情况，无法动态地反映变量间关系的变化趋势，因此，本章采用目前经济学研究中最为常用的面板数据模型来实证研究普通教育与职业教育对城镇化水平的影响，它同时具有时间序列和截面数据的信息，控制了不可观测的非时变异质因素，又控制了时变不可观测的同质因素，使得参数估计更加有效，此外，利用面板数据模型既考虑了东部、中部、西部地区截面数据存在的共性，又能分析模型中截面因素的不同区域的个体特殊效应。

面板数据模型的一般形式如下：

$$y_{it} = \alpha_i + x_{it}\beta + \mu_{it}, (i=1,2,\cdots,I; t=1,2,\cdots,T) \qquad (6.1)$$

其中，$i=1, 2, \cdots, I$ 表示截面不同个体；$t=1, 2, \cdots, T$ 表示时间序列上的不同时间点；α_i 表示不可观测的个体异质性或不可观测的个体效应，反映个体差异；x_{it} 表示为 $1 \times k$ 向量，含有 k 个可观测的解释变量；μ_{it} 为随机扰动项。

在面板数据模型基础上加入被解释变量的滞后项，得到常用的动态面板数据模型：

$$y_{it} = \alpha_i + \phi y_{it-1} + x_{it}\beta + \mu_{it}, (i=1,2,\cdots,I; t=1,2,\cdots,T) \qquad (6.2)$$

还有一类常用的是一阶平稳自回归动态面板数据模型：

$$y_{it} = \phi y_{it-1} + \mu_{it}, (i=1,2,\cdots,I; t=1,2,\cdots,T) \qquad (6.3)$$

第二节　动态面板数据模型估计

由于在动态面板数据模型中，解释变量中有被解释变量的滞后项，可能引起解释变量与随机扰动项相关，所以这里最小二乘法（OLS）已经不能一致和无偏地估计系数，故对于动态面板数据模型的估计，往往采用工具变量估计（IV）和广义矩估计（GMM）替代普通最小二乘法估计，解决解释变量的内生性问题。这里首先介绍工具变量估计，然后，介绍广义矩估计。

一、工具变量估计

对于一阶平稳自回归动态面板数据模型（6.3），首先进行一阶差分可得：

$$y_{it} - y_{it-1} = \phi(y_{it-1} - y_{it-2}) + (\mu_{it} - \mu_{it-1}), (t=2,3,\cdots,T) \quad (6.4)$$

其中，$y_{it-1} - y_{it-2}$ 与 $\mu_{it} - \mu_{it-1}$ 是相关的，所以 OLS 估计是有偏非一致的，然而，安德森和萧（Anderson and Hsiao, 1981）指出，对于一阶差分模型，$y_{it-2}, y_{it-3}, \cdots, y_{i1}$ 与 $y_{it-1} - y_{it-2}$ 相关，与 $\mu_{it} - \mu_{it-1}$ 是无关的，$y_{it-2} - y_{it-3}, y_{it-3} - y_{it-4}, \cdots, y_{i2} - y_{i1}$ 与 $y_{it-1} - y_{it-2}$ 相关，与 $\mu_{it} - \mu_{it-1}$ 是无关的，因此，可以选择 $y_{it-2}, y_{it-3}, \cdots, y_{i1}$ 作为 $y_{it-1} - y_{it-2}$ 的工具变量，可以选择 $y_{it-2} - y_{it-3}, y_{it-3} - y_{it-4}, \cdots, y_{i2} - y_{i1}$ 作为 $y_{it-1} - y_{it-2}$ 的工具变量。这里假如选择了 y_{it-2} 作为 $y_{it-1} - y_{it-2}$ 的工具变量，那么可以求得 ϕ 的估计值：

$$\hat{\phi} = \frac{\sum_{i=1}^{I}\sum_{t=2}^{T} y_{it-2}(y_{it} - y_{it-1})}{\sum_{i=1}^{I}\sum_{t=2}^{T} y_{it-2}(y_{it-1} - y_{it-2})}$$

同理可得，对于动态面板数据模型（6.2），进行一阶差分可得：

$$y_{it} - y_{it-1} = \phi(y_{it-1} - y_{it-2}) + (x_{it} - x_{it-1})\beta + (\mu_{it} - \mu_{it-1}), (t=2,3,\cdots,T) \quad (6.5)$$

其中，$y_{it-1} - y_{it-2}$ 与 $\mu_{it} - \mu_{it-1}$ 也是相关的，所以 OLS 估计是有偏非一致的，

第六章 普通教育与职业教育对中国城镇化水平影响的实证分析

对于这个一阶差分模型,y_{it-2}, y_{it-3}, $\cdots$, y_{i1} 和 $y_{it-2} - y_{it-3}$, $y_{it-3} - y_{it-4}$, $\cdots$, $y_{i2} - y_{i1}$ 与 $y_{it-1} - y_{it-2}$ 相关,与 $\mu_{it} - \mu_{it-1}$ 是无关的,因此,同样可以选择 y_{it-2}, y_{it-3}, $\cdots$, y_{i1} 和 $y_{it-2} - y_{it-3}$, $y_{it-3} - y_{it-4}$, $\cdots$, $y_{i2} - y_{i1}$ 作为 $y_{it-1} - y_{it-2}$ 的工具变量,这里假如选择了 y_{it-2} 作为 $y_{it-1} - y_{it-2}$ 的工具变量,那么可以求得 ϕ 和 β 的估计值:

$$\begin{pmatrix} \hat{\phi} \\ \hat{\beta} \end{pmatrix} = \left[\sum_{i=1}^{I} \sum_{t=3}^{T} \begin{pmatrix} y_{it-2} \\ x_{it} - x_{it-1} \end{pmatrix} (y_{it} - y_{it-1}) \right]$$

$$\times \left\{ \sum_{i=1}^{I} \sum_{t=3}^{T} \begin{bmatrix} y_{it-2}(y_{it-1} - y_{it-2}) & y_{it-2}(x_{it} - x_{it-1})' \\ y_{it-2}(x_{it} - x_{it-1}) & (x_{it} - x_{it-1})(x_{it} - x_{it-1})' \end{bmatrix} \right\}^{-1}$$

二、广义矩估计

为了克服解释变量的内生性问题,阿拉诺和邦德(Arellano and Bond,1991)提出把广义矩估计方法应用到动态面板数据模型的估计中,广义矩估计一般不定义经典的拟合度、F 统计量以及诸如 AIC 等信息准则,其基本思想依然是首先求出动态面板数据模型(6.3)和模型(6.2)的一阶差分形式,然后找到一组工具变量 z_i,使其满足矩条件,通过求解样本矩的最小化二次型估计回归系数。

就动态面板数据模型(6.3)而言,其矩条件为:

$$E[y_{it-s}(\mu_{it} - \mu_{it-1})] = 0, (s = 2, 3, \cdots, t; t = 2, 3, \cdots, T)$$

如果 $\Delta \mu_i = (\mu_{i2} - \mu_{i1}, \mu_{i3} - \mu_{i2}, \cdots, \mu_{iT} - \mu_{iT-1})$

$$z_i = \begin{pmatrix} (y_{i0}) & & \\ (y_{i0} & y_{i1}) & \\ & \vdots & \\ (y_{i0} & \cdots & y_{iT-2}) \end{pmatrix}$$

则矩条件即为 $E(z'_i\Delta\mu_i) = 0$, $E(z'_i(\Delta y_i - \phi\Delta y_{i-1})) = 0$。

样本矩的二次型为 $\left[\frac{1}{I}\sum_{i=1}^{I}z'_i(\Delta y_i - \phi\Delta y_{i-1})\right]'w_I\left[\frac{1}{I}\sum_{i=1}^{I}z'_i(\Delta y_i - \phi\Delta y_{i-1})\right]$，其中，$w_I$ 为加权矩阵。通过求解样本矩的二次型最小值，得到回归系数的 GMM 估计：

$$\hat{\phi} = \left[\left(\sum_{i=1}^{I}\Delta y'_{i-1}z_i\right)w_I\left(\sum_{i=1}^{I}z'_i\Delta y_{i-1}\right)\right]^{-1}\left[\left(\sum_{i=1}^{I}\Delta y'_{i-1}z_i\right)w_I\left(\sum_{i=1}^{I}z'_i\Delta y_i\right)\right]$$

就动态面板数据模型（6.2）而言，其矩条件为：

$$E(\Delta x_{it}\Delta u_{it}) = 0, (i=1,2,\cdots,I; t=1,2,\cdots,T)$$

如果 x_{it} 变量是严格外生的，那么 x_{i1}，x_{i2}，$\cdots$，x_{iT} 都是一阶差分模型 (6.5) 的工具变量，同时，Δx_{it} 也是 x_{it} 的工具变量，因此，一阶差分模型 (6.5) 的工具变量矩阵为：

$$z_i = \begin{pmatrix} (y_{i0} & \Delta x_{i1}) & & & \\ & (y_{i0} & y_{i1} & \Delta x_{i2}) & \\ & & \vdots & & \\ (y_{i0} & y_{i1} & \cdots & y_{iT-2} & \Delta x_{iT}) \end{pmatrix}$$

如果 x_{it} 是前定变量，不是严格外生的，即对于 $n<t$，$E(\Delta x_{it}\Delta u_{in}) \neq 0$；否则，$E(\Delta x_{it}\Delta u_{in}) = 0$，那么，对于 n 期的一阶差分模型，只有 x_{i1}，x_{i2}，$\cdots$，x_{in-1} 都是一阶差分模型 (6.5) 的工具变量，同时，Δx_{in-1} 也是 x_{in-1} 的工具变量，因此，一阶差分模型 (6.5) 的工具变量矩阵为：

$$z_i = \begin{pmatrix} (y_{i0} & \Delta x_{i1}) & & & \\ & (y_{i0} & y_{i1} & \Delta x_{i2}) & \\ & & \vdots & & \\ (y_{i0} & y_{i1} & \cdots & y_{iT-2} & \Delta x_{iT-1}) \end{pmatrix}$$

则矩条件均即为 $E(z'_i\Delta\mu_i) = 0$, $E(z'_i(\Delta y_i - \phi\Delta y_{i-1} - \Delta x_i\beta)) = 0$, 并且，

样本矩的二次型为 $\left[\frac{1}{I}\sum_{i=1}^{I}z'_i(\Delta y_i - \phi\Delta y_{i-1} - \Delta x_i\beta)\right]'w_I\left[\frac{1}{I}\sum_{i=1}^{I}z'_i(\Delta y_i - \phi\Delta y_{i-1} - \Delta x_i\beta)\right]$，通过求解样本矩的二次型最小值，得到回归系数的 GMM 估计：

$$\begin{pmatrix}\hat{\phi}\\\hat{\beta}\end{pmatrix} = \left\{\left[\sum_{i=1}^{I}\begin{pmatrix}\Delta y'_{i-1}\\\Delta x_i'\end{pmatrix}z_i\right]w_I\left[\sum_{i=1}^{I}z'_i(\Delta y_{i-1}\quad \Delta x_i)\right]\right\}^{-1}$$

$$\left\{\left[\sum_{i=1}^{I}\begin{pmatrix}\Delta y'_{i-1}\\\Delta x_i'\end{pmatrix}z_i\right]w_I\left[\sum_{i=1}^{I}z'_i\Delta y_i\right]\right\}$$

上述广义矩估计方法就是阿拉诺和邦德在1991年提出的差分广义矩估计（Dif-GMM），但这种方法有一定的缺陷，会损失一部分样本信息，并且工具变量存在弱有效性问题，在计量检验时，会出现检验无法通过的情况，后来阿拉诺和鲍威尔（Arellano and Bover, 1995）、布兰德尔和邦德（Blundell and Bond, 1997）提出系统广义矩估计方法（Sys-GMM）来解决上述问题，这种方法能同时利用变量水平值的原估计模型和差分模型中的信息，也能仍然使用差分模型用到的工具变量，此外，还能得到额外的矩条件：

$$E[(\alpha_i + \mu_{it})\Delta u_{it-1}] = 0, (i = 1, 2, \cdots, I; t = 2, \cdots, T)$$
$$E[(\alpha_i + \mu_{it})\Delta x_{it}] = 0, (i = 1, 2, \cdots, I; t = 1, 2, \cdots, T)$$

系统广义矩估计一般比差分广义矩估计有效，但有其前提条件，即新增的工具变量是有效的，阿拉诺和鲍威尔（1995）、布兰德尔和邦德（1997）利用萨甘（Sargan）差分统计量检验，原假设为新增工具变量有效，如果不能拒绝原假设，则说明系统广义矩估计有效。此外，在系统广义矩估计中，两个识别检验是必要的：一是 Sargan 检验，它检验工具变量整体的有效性；二是差分误差项序列相关检验，主要是利用 Arellano-Bond 统计量来检验。

第三节 模型设定、变量测度与数据说明

依据国内外学者关于城镇化水平影响因素的研究基础上，基于面板数

据，构建一个以城镇化水平为被解释变量，普通教育与职业教育为解释变量，同时纳入控制变量的计量模型：

$$\ln UR_{it} = C + \beta_0 \ln UR_{it-1} + \beta_1 \ln GE_{it} + \beta_2 \ln VE_{it} + \beta_3 \ln EO_{it} + \beta_4 \ln IS_{it}$$
$$+ \beta_5 \ln EO_{it} + \beta_6 \ln IG_{it} + \mu_{it}$$

其中，i 表示第 i 个城市；t 表示第 t 年；UR 表示城镇化水平（即城镇化率）；GE 表示普通教育；VE 表示职业教育；ED 表示经济发展水平；IS 表示产业结构；EO 表示经济开放度；IG 表示城乡收入差距；U 是随机误差项，至于加入被解释变量的滞后一期，主要是为了涵盖未考虑到的其他影响因素。

对于城镇化水平的测度，通常是以城镇人口数占总人口数的比重来衡量，但有的学者认为这一衡量方法存在一定的片面性，应该从城镇化质量的角度出发，建立起一组指标来衡量，本章认为从表面上看，单一衡量城镇化水平的指标已具有理论和现实的经济统计意义，可以独立反映出城镇化的发展水平和层次，故仍然采用城镇人口数占总人口数的比重来衡量。原始数据来源于各省市县的统计年鉴、《中国县（市）社会经济统计年鉴》和《中国城市统计年鉴》。

对于普通教育与职业教育的测度，本章用当年的两类教育在校生数与毕业生数之和占总人口数的比重来衡量，普通高等、中等、初等教育与高等、中等和初等职业教育也用相应的在校生数、毕业生数之和占总人口数的比重来衡量。原始数据来源于各省市县的统计年鉴、《中国县（市）社会经济统计年鉴》和《中国教育统计年鉴》。

对于经济发展水平的测度，本章用人均国内生产总值来衡量。一般认为经济发展水平越高，人们收入水平就越高，进而引起人们的消费需求结构向制造业产品和服务产品转变，导致生产结构调整，促使第二、第三产业迅速发展，推动城镇化。此外，经济发展能够为城镇基础设施建设提供资金支持，为城镇化发展奠定物质基础，故预期经济发展水平与城镇化水平正相关。原始数据来源于《中国城市统计年鉴》和《中国县（市）社

第六章 普通教育与职业教育对中国城镇化水平影响的实证分析

会经济统计年鉴》。这里为了消除统计数据中价格因素的影响,用国内生产总值折算指数(以1992年为100)对各城市国内生产总值的数据进行了处理。

对于产业结构的测度,本章用第二、第三产业产值占国内生产总值的比重来衡量。一般认为第二产业的发展导致产业结构和就业结构变化、提高第一产业劳动生产率,导致农村劳动力向城镇转移等,提高了城镇化水平,而第三产业的发展能吸纳更多的劳动力,为城镇化水平的进一步提高提供支撑,故预期产业结构与城镇化水平正相关。原始数据来源于各省市县的统计年鉴和《中国县(市)社会经济统计年鉴》。

对于经济开放度的测度,本章用外贸依存度 TR 和外资依存度 FD 来衡量。首先,对外贸易和外资促进了中国经济增长,并弥补了城镇化进程中的资金不足;其次,两者促进了中国出口导向产业的发展,有利于产业结构的调整,有助于发挥各地的比较优势,提高了资源配置的效率,为城镇经济部门创造了更多的就业机会,并提高了城镇居民的收入水平,进而吸引农村人口向城镇迁移,故预期经济开放度与城镇化水平正相关。原始数据来源于《中国城市统计年鉴》《中国县(市)社会经济统计年鉴》《中国外资统计》。为了消除统计数据中汇率因素的影响,本章将各地区进出口额和实际利用外资按当年时间加权平均汇率调整。

对于城乡收入差距的测度,本章采用城镇居民的人均可支配收入与农民人均纯收入的比值来衡量。一般认为城乡收入差距与城镇化水平是非线性关系,即城乡收入差距是诱使农村人口向城镇转移的基本动因,但如果城乡收入差距过大,会提高农民转移后的经济成本,提高农民进城的经济门槛,不利于城镇化,同时城乡收入差距过大,意味着农民收入过低,购买力不足,限制了对城镇工业品的需求,不利于城镇经济部门扩大生产规模,进而减少了就业机会。故尚不能确定城乡收入差距与城镇化水平之间的关系。原始数据来源于各省市县统计年鉴和《中国县(市)社会经济统计年鉴》。

本章选择的样本时间是 1992~2012 年。样本期内中国城镇化水平均值为 0.391，而据计算，东部、中部、西部地区城镇化水平均值分别为 0.473、0.348 和 0.322，地级以上城市、地级市和县级市城镇化水平均值分别为 0.527、0.356 和 0.293。可见，东部地区城镇化水平高于中部和西部地区，地级以上城市城镇化水平高于地级市和县级市。并且值得注意的是样本期内中国普通教育与职业教育在校生数和毕业生数之和占总人口数比值的均值分别为 8.495%、1.478%，并计算得知东部、中部、西部地区普通教育该比值的均值分别为 11.724%、8.663%、6.219%，职业教育该比值均值分别为 1.389%、1.612%、1.416%，地级以上城市、地级市和县级市普通教育该比值的均值分别为 13.015%、8.748%、5.652%，职业教育该比值均值分别为 1.427%、1.954%、1.458%。可见，东部地区普通教育与职业教育在校生数、毕业生数之和占总人口数比值高于中部和西部地区，地级以上城市高于地级市和县级市。因此，这似乎意味着普通教育与职业教育均促进了城镇化水平提高，但由于这里没有考虑其他影响城镇化水平的因素，且无法比较研究，故仅依据描述性分析得出结论过早。此外，不同层次教育对中国不同地区、不同类型城市城镇化水平产生何种影响也无法回答，故下面将比较实证分析。

第四节　数据检验与内生性问题

对于动态面板数据模型，其估计的前提是面板数据必须是平稳的，否则可能产生谬误回归的结果，因此，首先，介绍检验面板数据平稳性的方法。其次，介绍面板数据协整检验的方法，这是由于宏观经济变量的面板数据通常存在单位根，所以需要继续判断变量间是否存在协整关系。然后，利用这些平稳性检验和协整检验方法对上述变量的面板数据进行检验。最后，对回归模型可能出现的解释变量内生性问题进行分析。

第六章 普通教育与职业教育对中国城镇化水平影响的实证分析

一、面板数据的平稳性检验方法

面板数据的平稳性检验方法一般可以划分为两类：一类是相同根情形下的单位根检验，这类检验方法假设面板数据中的各截面序列具有相同的单位根过程；另一类是不同根情形下的单位根检验，这类检验方法允许面板数据中的各截面序列具有不同的单位根过程。

（一）相同根情形下的单位根检验

相同根情形下的单位根检验主要有以下三种检验：LLC 检验、Breitung 检验和 Hadri 检验。

1. LLC 检验

LLC 检验是赖文、林和楚（Levin, Lin and Chu, 2002）提出的，其主要思路是对每个截面个体分别进行 ADF 回归，构造两组正交化的残差，使其标准化，得到两组代理变量做回归，最后利用回归系数的 t 统计量得到修正的 t 统计量，以此统计量来判断面板数据是否存在单位根。

LLC 检验是以下面的 ADF 检验式为基础的：

$$y_{it} = \phi_i y_{it-1} + \sum_{j=1}^{p_i} \omega_{ij} \Delta y_{it-j} + \beta_{mi} x_{mt} + \mu_{it}, (m = 1,2,3; t = 1,2,\cdots,T)$$

首先，根据 $\hat{\omega}_{ij}$ 的 t 统计量以及 μ_{it} 是否存在序列相关来确定滞后期 p_i，当 p_i 确定后，做如下两个辅助回归，得到两组正交化的残差。

$$\Delta y_{it} = \sum_{j=1}^{p_i} \hat{\omega}_{ij} \Delta y_{it-j} + \hat{\beta}_{mi} x_{mt} + \hat{e}_{it} \text{ 和 } y_{it-1} = \sum_{j=1}^{p_i} \bar{\omega}_{ij} \Delta y_{it-j} + \bar{\beta}_{mi} x_{mt} + \bar{\nu}_{it-1}$$

移项得：$\hat{e}_{it} = \Delta y_{it} - \sum_{j=1}^{p_i} \hat{\omega}_{ij} \Delta y_{it-j} - \hat{\beta}_{mi} x_{mt}$ 和 $\bar{\nu}_{it-1} = y_{it-1} - \sum_{j=1}^{p_i} \bar{\omega}_{ij} \Delta y_{it-j} -$
$\bar{\beta}_{mi} x_{mt}$，使其标准化得到两组代理变量 $\tilde{e}_{it}$ 和 $\tilde{\nu}_{it-1}$ 并做以下回归 $\tilde{e}_{it} = \phi \tilde{\nu}_{it-1} +$

μ_{it}，此式中 $\phi = 0$ 的 t 统计量为 $t_{\hat{\phi}} = \dfrac{\hat{\phi}}{S(\hat{\phi})}$，对于无截距项与时间趋势项的回归模型，$t_{\hat{\phi}}$ 有标准正态的渐近分布，但对于有截距项与时间趋势项的回归模型，$t_{\hat{\phi}}$ 是发散的，因此，赖文、林和楚建议检验时使用以下修正的 t 统计量：

$$t_{\hat{\phi}}^* = \dfrac{t_{\hat{\phi}} - I\tilde{T}\hat{S}_I\hat{\sigma}_\mu^2 S(\hat{\phi})\mu_{m\tilde{T}}^*}{\sigma_{m\tilde{T}}} \sim N(0,1)$$

进行面板单位根检验。其中，$\tilde{IT}$ 是样本容量，$\hat{S}_I = \dfrac{1}{I}\sum_{i=1}^{I}\hat{S}_i$（$\hat{S}_i$ 为辅助回归的长短期标准差比率的估计量），$\hat{\sigma}_\mu^2$ 是 μ_{it} 方差的估计量，$\mu_{m\tilde{T}}^*$ 和 $\sigma_{m\tilde{T}}$ 分别是均值、标准差的调整因子。如果样本计算的 LLC 统计量大于临界值，说明每个序列没有单位根，是平稳的，相反，LLC 统计量小于临界值，说明每个序列含有单位根，是非平稳的。

2. Breitung 检验

Breitung 检验是布瑞特（Breitung，2000）提出的，该检验与 LLC 检验基本相似，也是首先进行两个如下辅助回归，得到两组正交化的残差。

$$\Delta y_{it} = \sum_{j=1}^{p_i}\hat{\omega}_{ij}\Delta y_{it-j} + \hat{e}_{it} \text{ 和 } y_{it-1} = \sum_{j=1}^{p_i}\bar{\omega}_{ij}\Delta y_{it-j} + \bar{\nu}_{it-1}$$

移项得：$\hat{e}_{it} = \Delta y_{it} - \sum_{j=1}^{p_i}\hat{\omega}_{ij}\Delta y_{it-j}$ 和 $\bar{\nu}_{it-1} = y_{it-1} - \sum_{j=1}^{p_i}\bar{\omega}_{ij}\Delta y_{it-j}$，使其标准化得到 $\tilde{e}_{it}$ 和 $\tilde{\nu}_{it-1}$，在运用阿拉诺和鲍威尔（1995）提出的正交变换法将标准化得到的残差 $\tilde{e}_{it}$ 和 $\tilde{\nu}_{it-1}$ 正交化得到 e_{it}^* 和 ν_{it-1}^*，做以下回归 $e_{it}^* = \phi\nu_{it-1}^* + \mu_{it}^*$，得到参数 ϕ 的 t 统计量，该统计量服从标准正态的渐近分布，如果样本计算的统计量大于临界值，说明每个序列没有单位根，是平稳的，相反，样本计算的统计量小于临界值，说明每个序列含有单位根，是非平稳的。

3. Hadri 检验

Hadri 检验是哈德里（Hadri, 2000）提出的，这是由于 LLC 检验要求残差在截面和时间上是独立同分布过程，但实际上数据未必满足这一要求，考虑到自相关和异方差，哈德里提出了基于回归残差的 LM 检验方法。该方法首先对式 $y_{it} = \alpha_i + \beta_i t + \mu_{it}$ 做回归，求出残差序列 $\hat{\mu}_{it}$，然后利用 $\hat{\mu}_{it}$ 建立 LM 统计量，其形式为：

$$LM = \frac{1}{I}(\sum_{i=1}^{I}(\sum_{t}S_i(t)^2/T^2)/f_0)$$

其中，$S_i(t)$ 是残差累积函数；f_0 是频率为 0 时的残差谱密度。根据得到的 LM 统计量计算 Z 统计量：

$$Z = \frac{\sqrt{I}(LM - \theta)}{\eta}$$

其中，$\theta = 1/6$，$\eta = 1/45$，否则，$\theta = 1/15$，$\eta = 11/6300$，哈德里指出在不含单位根的原假设条件下，Z 统计量服从标准正态的渐近分布。

（二）不同根情形下的单位根检验

不同根情形下的单位根检验主要有以下三种检验：IPS 检验、Fisher-ADF 检验和 Fisher-PP 检验。

1. IPS 检验

IPS 检验是阿木、贝萨然和石恩（Im, Pesaran and Shin, 2003）提出的，IPS 检验式为：

$$y_{it} = \phi_i y_{it-1} + \sum_{j=1}^{p_i}\omega_{ij}\Delta y_{it-j} + \beta_{mi}x_{mt} + \mu_{it}, (m = 1,2,3; t = 1,2,\cdots,T)$$

检验的原假设为：$H_0: \phi_i = 0 (i = 1,2,\cdots,I)$；

备择假设为：$H_1: \phi_i < 0 (i = 1,2,\cdots,I_1), \phi_i = 0(i = I_1 + 1, I_1 + 2,\cdots,I)$。

利用 IPS 检验式对 I 个截面个体估计出 I 个 ϕ_i 的 t 统计量 t_{ϕ_i}，那么 IPS 检验统计量 $\bar{t}$ 为 I 个 ϕ_i 的 t 统计量 t_{ϕ_i} 的均值，即为 $\bar{t} = \frac{1}{I}\sum_{i=1}^{I} t_{\phi_i}$，在滞后阶数为 0 时，IPS 通过模拟给出了临界值表，在滞后阶数不为 0 时，IPS 检验利用 $\bar{t}$ 给出了一个服从标准正态的渐近分布的统计量：

$$t_{IPS} = \frac{\sqrt{I}(\bar{t} - \frac{1}{I}\sum_{i=1}^{I} E(t_{iT} \mid \phi_i = 0))}{\sqrt{\frac{1}{I}\sum_{i=1}^{I} Var(t_{iT} \mid \phi_i = 0)}}$$

如果样本计算的 IPS 统计量大于临界值，说明每个序列含有单位根，是非平稳的，相反，样本计算的 IPS 统计量小于临界值，说明部分序列没有单位根，是平稳的，部分序列含有单位根，是非平稳的。

2. Fisher-ADF 检验和 Fisher-PP 检验

Fisher-ADF 检验和 Fisher-PP 检验是马达拉和吴（Maddala and Wu，1999）及邹毅（Choi，2001）分别提出的，他们基于费希尔（Fisher，1932）的组合统计量构造了两个 Fisher 形式的统计量，一个渐近服从卡方分布，另一个渐近服从正态分布，以此来检验面板数据是否存在平稳。Fisher-ADF 检验和 Fisher-PP 检验式与原假设、备择假设、IPS 检验相同。检验式为：

$$y_{it} = \phi_i y_{it-1} + \sum_{j=1}^{p_i} \omega_{ij} \Delta y_{it-j} + \beta_{mi} x_{mt} + \mu_{it}, (m = 1,2,3; t = 1,2,\cdots,T)$$

原假设为：$H_0: \phi_i = 0 (i = 1,2,\cdots,I)$；

备择假设为：$H_1: \phi_i < 0 (i = 1,2,\cdots,I_1), \phi_i = 0 (i = I_1 + 1, I_1 + 2,\cdots,I)$。

渐近服从卡方分布和渐近服从正态分布的 Fisher 形式的统计量分别为：

$$p = -2\sum_{i=1}^{I} \log p_i \sim \chi^2(2I)$$

$$Z = \frac{1}{\sqrt{I}}\sum_{i=1}^{I} \Phi^{-1}(p_i) \sim N(0,1)$$

第六章 普通教育与职业教育对中国城镇化水平影响的实证分析

其中，卡方分布的自由度为 $2I$，Φ 为标准正态分布的累积分布函数。

二、面板数据的平稳性检验结果

从表6-1和6-2中可看出，城镇化水平 UR、普通教育 GE、职业教育 VE、经济发展水平 ED、产业结构 IS、经济开放度 EO、城乡收入差距 IG 总体表现均存在单位根，而对其一阶差分值进行检验，其结果在各显著性水平下总体表现为没有单位根，说明变量都是一阶单整 I（1）。

表6-1　　　　　变量水平值面板单位根检验结果

变量	面板单位根检验方法					
	LLC	Breitung	Hadri	IPS	Fisher-ADF	Fisher-pp
lnUR	-0.81603 (0.2099)	0.14462 (0.5575)	13.8331 (0.0000)	-0.81420 (0.2078)	65.9192 (0.2483)	156.723 (0.0000)
lnGE	-4.26863 (0.0000)	0.86331 (0.8060)	6.82158 (0.0000)	-0.76866 (0.2210)	67.4311 (0.1858)	72.1066 (0.1008)
lnVE	4.66322 (1.0000)	-0.67408 (0.2501)	9.12336 (0.0000)	8.57569 (1.0000)	4.05346 (1.0000)	5.34616 (1.0000)
lnED	0.81433 (0.7923)	-0.36502 (0.3575)	9.34228 (0.0000)	5.84281 (1.0000)	12.5449 (1.0000)	22.4999 (1.0000)
lnIS	7.65636 (1.0000)	1.16801 (0.8786)	8.78407 (0.0000)	8.27265 (1.0000)	12.6981 (1.0000)	11.8728 (1.0000)
lnEO	5.83037 (1.0000)	-0.60666 (0.2720)	9.14503 (0.0000)	9.18024 (1.0000)	17.5867 (1.0000)	18.1048 (1.0000)
lnIG	-4.63659 (0.0000)	3.46997 (0.9997)	8.33376 (0.0000)	-0.05822 (0.4768)	63.2688 (0.2958)	94.4418 (0.0018)

表6-2　　　　　变量一阶差分值面板单位根检验结果

变量	面板单位根检验方法					
	LLC	Breitung	Hadri	IPS	Fisher-ADF	Fisher-pp
lnUR	-14.5393 (0.0000)	-2.68056 (0.0037)	5.14914 (0.0000)	-6.77936 (0.0000)	167.837 (0.0000)	259.909 (0.0000)

续表

变量	面板单位根检验方法					
	LLC	Breitung	Hadri	IPS	Fisher-ADF	Fisher-pp
$\ln GE$	-11.8080 (0.0000)	-2.42794 (0.0076)	0.71940 (0.2359)	-5.01839 (0.0000)	140.003 (0.0000)	167.377 (0.0000)
$\ln VE$	-21.7887 (0.0000)	-6.50799 (0.0000)	6.23416 (0.0000)	-7.39944 (0.0000)	170.072 (0.0000)	143.043 (0.0000)
$\ln ED$	-24.3762 (0.0000)	-6.60361 (0.0000)	7.06768 (0.0000)	-8.42166 (0.0000)	182.043 (0.0000)	182.582 (0.0000)
$\ln IS$	-8.77850 (0.0000)	1.39888 (0.9191)	7.14378 (0.0000)	-2.78520 (0.0027)	108.168 (0.0001)	128.395 (0.0000)
$\ln EO$	-7.19227 (0.0000)	-0.29412 (0.3843)	5.76143 (0.0000)	-1.60808 (0.0539)	81.5044 (0.0226)	96.4877 (0.0011)
$\ln IG$	-20.9194 (0.0000)	-6.25549 (0.0000)	5.81695 (0.0000)	-6.68345 (0.0000)	148.682 (0.0000)	177.139 (0.0000)

注：括号内为概率值，括号外为统计量，概率值小于0.01表明在1%的显著性水平下拒绝原假设，概率值小于0.05表明在5%的显著性水平下拒绝原假设，概率值小于0.1表明在10%的显著性水平下拒绝原假设。

三、面板数据的协整检验方法

由于面板数据存在单位根，需要继续判断变量间是否存在协整关系。主要有两类检验方法：一类是建立在 EG 二步法检验基础上的面板协整检验，主要有 Pedroni 检验和 Kao 检验；另一类是建立在 Johanson 检验基础上的 Fisher 检验。

（一）Pedroni 检验

Pedroni 检验是配卓尼（Pedroni，1999）提出的，配卓尼考虑异质的非平稳面板数据模型：$y_{it} = \alpha_i + \theta_i t + x_{it} \beta_i + \mu_{it}$，然后通过该式得到残差序列，

第六章 普通教育与职业教育对中国城镇化水平影响的实证分析

利用辅助回归检验残差序列是否为平稳序列,辅助回归的形式如下:

$$\hat{\mu}_{it} = \rho_i \hat{\mu}_{it-1} + \varepsilon_{it} \text{ 或 } \hat{\mu}_{it} = \rho_i \hat{\mu}_{it-1} + \sum_{j=1}^{p_i} \theta_{ij} \Delta \hat{\mu}_{it-1} + \varepsilon_{it} \quad (i = 1,2,\cdots,I)$$

Pedroni 检验在对残差进行平稳检验时,使用的原假设和备择假设分别为以下两种:

(a) $H_0: \rho_i = 1 \quad H_1: \rho_i = \rho < 1$;

(b) $H_0: \rho_i = 1 \quad H_1: \rho_i < 1$。

第一种情形为组内检验,主要检验同质面板数据的协整关系,其构造了4个面板均值统计量来检验原假设,即 Panel-v 统计量、Panel-ρ 统计量、Panel-PP 统计量、Panel-ADF 统计量。第二种情形为组间检验,主要检验异质面板数据的协整关系,其构造了3个群均值统计量来检验原假设,即 Group-ρ 统计量、Group-PP 统计量、Group-ADF 统计量。这些统计量的渐近分布具有以下形式:

$$Z = \frac{Z^* - \mu\sqrt{I}}{\sqrt{\phi}} \sim N(0,1)$$

其中,Z^* 为上述7个统计量,μ 和 ϕ 为 Z^* 的渐近均值和方差,如果样本计算的统计量大于临界值,不能拒绝原假设,说明没有协整关系,相反,样本计算的统计量小于临界值,拒绝原假设,说明有协整关系。

(二) Kao 检验

Kao 检验是考 (Kao, 1999) 提出的,考虑同质的非平稳面板数据模型,然后通过同质的非平稳面板数据模型得到残差序列,利用辅助回归检验残差序列是否为平稳序列,辅助回归的形式和 Pedroni 检验相同,Kao 检验在对残差进行平稳检验时,使用的原假设和备择假设为 $H_0: \rho_i = 1$ 和 $H_1: \rho_i < 1$,在原假设下,考给出了4种 DF 的检验统计量,均服从标准的正态分布,当 p>0,对于 ADF 检验形式时,统计量为:

$$ADF = \frac{t_{ADF} + \sqrt{6I}\hat{\sigma}_{\varepsilon}/2\hat{\sigma}_{o\varepsilon}}{\sqrt{\hat{\sigma}_{\varepsilon}^{2}/2\hat{\sigma}_{o\varepsilon}^{2} + 3\hat{\sigma}_{\varepsilon}^{2}/10\hat{\sigma}_{o\varepsilon}^{2}}} \sim N(0,1)$$

其中，$\hat{\sigma}_{\varepsilon}$ 和 $\hat{\sigma}_{o\varepsilon}$ 分别是辅助回归的第二种形式的 σ_{ε} 和 $\sigma_{o\varepsilon}$ 的估计量，同样，如果样本计算的 DF 和 ADF 检验统计量大于临界值，不能拒绝原假设，说明没有协整关系，相反，样本计算的检验统计量小于临界值，拒绝原假设，说明有协整关系。

（三）Fisher 检验

Fisher 检验是马达拉和吴（Maddala and Wu，1999）提出的一种协整检验方法，该方法主要是分别对单个截面个体进行 Johanson 协整检验，然后利用 Fisher 的结论获得对应于面板数据的检验统计量：

$$Fisher = -2\sum_{i=1}^{I}\log\pi_{i} \sim \chi^{2}(2I)$$

其中，π_i 为截面个体的特征根迹统计量或最大特征根统计量所对应的概率值，如果样本计算的检验统计量大于临界值，不能拒绝原假设存在相应个数协整向量，说明存在相应个数协整向量，相反，样本计算的检验统计量小于临界值，拒绝原假设，说明不存在相应个数协整向量。

四、面板数据的协整检验结果

这里对变量进行协整检验，主要是采用 Pedroni 检验和 Kao 检验，从表 6-3 中可看出，全国、东部、中部、西部及其他三类城市有的统计量拒绝了存在协整关系，并对其进行回归计算，看得到的残差序列是否平稳，对残差序列进行平稳性检验，结果见表 6-4，从表 6-4 可知残差序列都平稳，说明城镇化水平 UR、普通教育 GE、职业教育 VE、经济发展水平 ED、产业结构 IS、经济开放度 EO、城乡收入差距 IG 各变量间均

第六章 普通教育与职业教育对中国城镇化水平影响的实证分析

存在长期关系。

表 6-3　　　　　　　　面板数据的协整检验结果

检验方法		全国	东部	中部	西部	省会城市	地级市	县级市
Pedroni 检验	Panel-v	-3.101982 (0.9955)	-3.400104 (0.9997)	-2.236751 (0.9873)	-3.400104 (0.9997)	-2.236751 (0.9873)	-3.369099 (0.9996)	-3.369099 (0.9996)
	Panel-ρ	3.316422 (0.9980)	3.524654 (0.9998)	2.536867 (0.9944)	3.524654 (0.9998)	2.536867 (0.9944)	3.432586 (0.9997)	3.432586 (0.9997)
	Panel-PP	-10.46201 (0.0000)	-12.31612 (0.0000)	-10.41908 (0.0000)	-12.31612 (0.0000)	-10.41908 (0.0000)	-8.615181 (0.0000)	-8.615181 (0.0000)
	Panel-ADF	-3.922053 (0.0019)	-4.048449 (0.0000)	-5.128263 (0.0000)	-4.048449 (0.0000)	-5.128263 (0.0000)	-2.589429 (0.0048)	-2.589429 (0.0048)
	Group-ρ	4.574676 (1.0000)	4.889753 (1.0000)	3.690939 (0.9999)	4.889753 (1.0000)	3.690939 (0.9999)	4.852165 (1.0000)	4.852165 (1.0000)
	Group-PP	-13.36728 (0.0000)	-14.24097 (0.0000)	-13.45566 (0.0000)	-14.24097 (0.0000)	-13.45566 (0.0000)	-12.37702 (0.0000)	-12.37702 (0.0000)
	Group-ADF	-3.437206 (0.0001)	-3.387867 (0.0004)	-4.398324 (0.0000)	-3.387867 (0.0004)	-4.398324 (0.0000)	-2.522820 (0.0058)	-2.522820 (0.0058)
Kao 检验	ADF	-2.897137 (0.0014)	-3.137610 (0.0009)	-2.775781 (0.0028)	-3.137610 (0.0009)	-2.775781 (0.0028)	-2.775604 (0.0028)	-2.775604 (0.0028)

表 6-4　　　　　　　　残差序列的平稳性检验

区域	面板单位根检验方法					
	LLC	Breitung	Hadri	IPS	Fisher-ADF	Fisher-pp
全国	-10.2769 (0.0000)	-5.52180 (0.0000)	7.10928 (0.0000)	-5.39834 (0.0000)	121.367 (0.0000)	148.129 (0.0000)
东部	-9.2807 (0.0000)	-2.61352 (0.0038)	5.41237 (0.0000)	-7.97015 (0.0000)	134.556 (0.0000)	169.258 (0.0000)
中部	-8.0055 (0.0000)	-6.72195 (0.0000)	5.70645 (0.0000)	-6.26968 (0.0000)	127.340 (0.0000)	157.166 (0.0000)
西部	-9.5726 (0.0000)	-2.48479 (0.0071)	6.11246 (0.0000)	-5.88020 (0.0000)	161.713 (0.0000)	195.331 (0.0000)

续表

区域	面板单位根检验方法					
	LLC	Breitung	Hadri	IPS	Fisher-ADF	Fisher-pp
省会城市	-9.2807 (0.0000)	-2.61352 (0.0038)	5.41237 (0.0000)	-7.97015 (0.0000)	134.556 (0.0000)	169.258 (0.0000)
地级市	-8.0055 (0.0000)	-6.72195 (0.0000)	5.70645 (0.0000)	-6.26968 (0.0000)	127.340 (0.0000)	157.166 (0.0000)
县级市	-9.5726 (0.0000)	-2.48479 (0.0071)	6.11246 (0.0000)	-5.88020 (0.0000)	161.713 (0.0000)	195.331 (0.0000)

注：括号内为概率值，括号外为统计量，概率值小于0.01表明在1%的显著性水平下拒绝原假设，概率值小于0.05表明在5%的显著性水平下拒绝原假设，概率值小于0.1表明在10%的显著性水平下拒绝原假设。

五、内生性问题

首先，对于模型回归，可能会因解释变量的内生性而导致估计偏差，内生性来源于四种因素：一是引入了被解释变量一阶滞后项作为动态项，该项易和随机误差项存在相关关系。二是城镇化水平的提高往往伴随着职业教育和普通教育的发展，城镇化水平提高可能是职业教育和普通教育发展的原因之一，因此，有可能职业教育和普通教育发达的地区，原本城镇化水平就高。三是城镇化建设将创造大量的投资需求，扩大消费需求，进而推动中国经济增长，城镇化水平提高也是经济发展水平的原因之一，因此，有可能经济发展水平高的地区，原本城镇化水平就高。四是城镇化可以增加农民的非农收入，推动第二、第三产业的发展，从而推动产业结构升级，城镇化水平提高也是产业结构升级的原因之一，因此，有可能产业结构水平高的地区，原本城镇化水平就高；可见，即使回归结果表明关系显著，也不能断言职业教育对城镇化水平有促进作用，这里OLS法已经不能一致和无偏地估计系数，本章使用广义矩估计方法克服上述内生性问题实证分析，由于差分广义矩估计方法会损失一部分样本信息，且工具变量

• 第六章 普通教育与职业教育对中国城镇化水平影响的实证分析 •

存在弱有效性问题,在计量检验时,会出现检验无法通过的情况,此外,这里由于样本数据年份较少,观测值又较多的客观限制,依据阿拉诺和鲍威尔(1995)、布兰德尔和邦德(1997)、邦德(2002)的研究,系统广义矩估计方法对本章更为适用,在进行系统广义矩估计时,本章选取各解释变量的部分已知值(原变量加滞后2期)作为估计的工具变量。

第五节 实证结果分析

一、对中国城镇化水平的影响

首先,分析职业教育对中国城镇化水平的影响,具体结果见表6-5,Adjusted R^2、Wald检验和Sargan检验等统计量均无异常,Arellano-Bond AR(1)值表明残差有一阶自相关性,Arellano-Bond AR(2)值表明残差已没有二阶自相关性。

表6-5 职业教育对中国城镇化水平影响的实证结果

变量	职业教育	高等职业教育		中等职业教育		初等职业教育	
		1992~2001年	2002~2011年	1992~2001年	2002~2011年	1992~2001年	2002~2009年
常数项	4.274***	3.645***	3.812**	4.136***	3.960**	3.373***	4.057***
lnUR_{it-1}	0.361***	0.319***	0.324***	0.320***	0.351***	0.396***	0.343***
lnVE	0.129**	0.058**	0.091**	0.085**	0.042**	-0.057	-0.076
lnED	0.233*	0.220*	0.243*	0.212*	0.258*	0.215*	0.264*
lnIS	0.167**	0.155**	0.170**	0.147**	0.183**	0.158**	0.179**
lnTR	0.135***	0.124***	0.142***	0.119***	0.139***	0.120***	0.132***
lnFD	0.084**	0.066***	0.097***	0.068***	0.096***	0.072***	0.081***
lnIG	-0.056	0.080***	-0.076***	0.074***	-0.065***	0.078***	-0.067***
Adjusted R^2	0.942	0.893	0.918	0.883	0.907	0.879	0.895

续表

变量	职业教育	高等职业教育		中等职业教育		初等职业教育	
		1992~2001年	2002~2011年	1992~2001年	2002~2011年	1992~2001年	2002~2009年
Wald 检验	2041.98	1945.27	1901.43	1975.09	1937.68	1984.24	1952.60
Sargan 检验	0.375	0.399	0.314	0.308	0.311	0.320	0.394
Arellano-Bond AR (1)	0.007	0.008	0.003	0.002	0.002	0.004	0.008
Arellano-Bond AR (2)	0.236	0.239	0.211	0.205	0.209	0.217	0.238

注：*、**、***分别表示在1%、5%和10%水平上通过显著性检验。

一是从表6-5可知，职业教育有利于中国城镇化水平的提高，2001年前中等职业教育对中国城镇化水平的正面影响最大，高等职业教育对中国城镇化水平的正面影响次之，2001年后高等职业教育对中国城镇化水平的正面影响最大，中等职业教育对中国城镇化水平的正面影响次之。原因可能在于2001年前中国经济发展水平不高，科技实力整体偏弱，产业结构水平偏低，城镇劳动力市场对于高等职业教育的人才需求较少，即2001年前中国的经济实力、科技水平和产业结构决定了中国城镇对职业教育人才的需求更多是较低层次的中等职业教育，而2001年后随着中国经济的发展，科技实力的增强，产业结构的逐步升级，即第二产业中技能型劳动密集型产业比重增加，第三产业中现代服务业比重增加，大大加大了对高等职业教育人才的需求，使高等职业教育对城镇化水平的提高效应大幅增加超过了中等职业教育，这也符合经济发展常规。

二是从表6-5可知，在样本期内，初等职业教育不利于中国城镇化水平提高，但这并没有通过显著性检验。原因可能在于仅受过初等职业教育的人，由于技能知识水平层次过低，不利于自身向城镇转移，即便实现了转移，在城镇里，也可能由于竞争激烈或自身收入低，生活成本高而被挤出城镇，回流到农村的概率很大。最后，从表6-5可知经济发展水平、产

第六章 普通教育与职业教育对中国城镇化水平影响的实证分析

业结构和经济开放度均有利于中国城镇化水平提高,和预期相一致;而城乡收入差距对中国城镇化水平的影响在2001年前是正面影响,2001年后是负面影响,这也说明了目前中国城乡收入差距过大不利于城镇化水平的提高。

其次,利用系统广义矩估计法实证检验了普通教育对城镇化水平的影响,结果发现,普通教育也促进了中国城镇化水平提高,普通教育发展水平提高1个百分点,中国城镇化水平提高0.105个百分点,通过了5%显著性水平检验。其中普通高等教育、普通中等教育与普通初等教育规模分别提高1个百分点,中国城镇化水平相应显著提高了0.079个、0.057个、-0.036个百分点。可见普通高等教育对中国城镇化水平的促进作用最大,普通中等教育次之,普通初等教育不利于中国城镇化水平提高,但后者未通过显著性检验。

二、对三大地区城镇化水平的影响

首先,分析职业教育对东、中、西部地区城镇化水平的影响。

一是三大地区职业教育均有利于城镇化水平提高,2001年前东部职业教育的正面影响最大,此后相反。从表6-6至表6-8可知,样本期内,三大地区的职业教育均有利于城镇化水平的提高,其中2001年前东部地区职业教育对城镇化水平的正面影响大于中西部地区,而2001年后则相反,原因可能在于2001年前东部地区的经济发展水平虽然不高,但高于中西部地区,劳动力市场对于职业教育人才的需求高于中西部地区,而2001年后随着东部地区经济发展水平的提高,科技实力大大增强,为了实现经济的转型,该地区对于普通高等教育(本科、硕士和博士)的人才需求要高于职业教育人才需求,而中西部地区的产业结构则更多需求的是有一定技能有一定知识的职业教育人才,2001年后中西部地区职业教育对城镇化水平的正面影响大于东部地区。

表6-6　职业教育对东部地区城镇化水平影响的实证结果

变量	职业教育		高等职业教育		中等职业教育		初等职业教育	
	1992~2001年	2002~2009年	1992~2001年	2002~2011年	1992~2001年	2002~2011年	1992~2001年	2002~2009年
常数项	3.425***	4.003***	3.178***	3.790**	3.872***	4.544**	4.119***	3.986***
$\ln UR_{it-1}$	0.317***	0.329***	0.306***	0.325***	0.324***	0.357***	0.358***	0.367***
$\ln VE$	0.118**	0.121**	0.064**	0.135**	0.097**	0.061**	-0.075	-0.094
$\ln ED$	0.219*	0.257*	0.235*	0.276*	0.233*	0.280*	0.237*	0.278*
$\ln IS$	0.167**	0.194**	0.169**	0.198**	0.170**	0.199**	0.166**	0.202**
$\ln TR$	0.133***	0.152**	0.134**	0.153**	0.135**	0.156**	0.132**	0.150***
$\ln FD$	0.086**	0.095**	0.090**	0.098**	0.087**	0.102**	0.084**	0.096**
$\ln IG$	0.072**	-0.080**	0.075***	-0.082**	0.076**	-0.081**	0.070***	-0.079**
Adjusted R^2	0.956	0.971	0.908	0.914	0.881	0.905	0.873	0.891
Wald 检验	1176.35	1995.27	1157.16	1272.32	1846.29	1716.38	1101.45	924.84
Sargan 检验	0.209	0.354	0.203	0.228	0.325	0.294	0.208	0.195
Arellano-Bond AR (1)	0.000	0.005	0.000	0.001	0.004	0.003	0.000	0.000
Arellano-Bond AR (2)	0.152	0.227	0.147	0.169	0.218	0.196	0.149	0.138

注：*、**、***分别表示在1%、5%和10%水平上通过显著性检验。

表6-7　职业教育对中部地区城镇化水平影响的实证结果

变量	职业教育		高等职业教育		中等职业教育		初等职业教育	
	1992~2001年	2002~2009年	1992~2001年	2002~2011年	1992~2001年	2002~2011年	1992~2001年	2002~2009年
常数项	2.637***	3.164***	3.036***	3.812**	3.247***	4.151**	2.705***	4.298***
$\ln UR_{it-1}$	0.328***	0.339***	0.312***	0.324***	0.319***	0.335***	0.310***	0.347***
$\ln VE$	0.082**	0.140**	0.057**	0.095**	0.084**	0.072**	-0.056	-0.075
$\ln ED$	0.205*	0.226*	0.210*	0.243*	0.213*	0.244*	0.207*	0.252*
$\ln IS$	0.141**	0.157**	0.143**	0.170**	0.144**	0.173**	0.142**	0.168**
$\ln TR$	0.096***	0.113**	0.105***	0.142***	0.112**	0.140***	0.119***	0.124***

第六章 普通教育与职业教育对中国城镇化水平影响的实证分析

续表

变量	职业教育		高等职业教育		中等职业教育		初等职业教育	
	1992~2001年	2002~2009年	1992~2001年	2002~2011年	1992~2001年	2002~2011年	1992~2001年	2002~2009年
lnFD	0.059**	0.062**	0.061***	0.097***	0.063**	0.096***	0.071***	0.073***
lnIG	0.043**	-0.051**	0.059**	-0.076**	0.058**	-0.077**	0.064**	-0.059**
Adjusted R^2	0.935	0.947	0.895	0.918	0.887	0.910	0.873	0.881
Wald 检验	953.67	990.28	1192.16	1104.05	1498.91	1325.48	1525.67	1262.46
Sargan 检验	0.240	0.254	0.298	0.261	0.362	0.349	0.368	0.311
Arellano-Bond AR (1)	0.002	0.003	0.004	0.003	0.006	0.005	0.006	0.004
Arellano-Bond AR (2)	0.184	0.219	0.227	0.221	0.274	0.257	0.279	0.232

注：*、**、*** 分别表示在1%、5%和10%水平上通过显著性检验。

表6-8 职业教育对西部地区城镇化水平影响的实证结果

变量	职业教育		高等职业教育		中等职业教育		初等职业教育	
	1992~2001年	2002~2009年	1992~2001年	2002~2011年	1992~2001年	2002~2011年	1992~2001年	2002~2009年
常数项	2.429***	3.057***	2.907***	3.438**	4.069***	3.765***	3.124***	3.558***
ln UR_{it-1}	0.347***	0.320***	0.328***	0.355***	0.332***	0.354***	0.345***	0.360***
lnVE	0.065**	0.128**	0.042**	0.070**	0.075**	0.089**	-0.037	-0.052
lnED	0.186*	0.205*	0.199*	0.214*	0.201*	0.217*	0.193*	0.215*
lnIS	0.128**	0.134**	0.131**	0.142**	0.134**	0.145**	0.129**	0.146**
lnTR	0.064***	0.082***	0.070***	0.087***	0.069***	0.086***	0.072***	0.088***
lnFD	0.041***	0.049***	0.042***	0.048***	0.038***	0.050***	0.039***	0.051***
lnIG	0.032**	-0.046**	0.034***	-0.049**	0.035**	-0.048**	0.038***	-0.047**
Adjusted R^2	0.943	0.948	0.897	0.920	0.889	0.893	0.865	0.869
Wald 检验	1378.46	1290.12	1491.30	1347.34	1132.07	1002.59	1274.41	1138.54
Sargan 检验	0.360	0.314	0.416	0.352	0.278	0.260	0.313	0.281
Arellano-Bond AR (1)	0.006	0.004	0.008	0.005	0.003	0.002	0.004	0.003

续表

变量	职业教育		高等职业教育		中等职业教育		初等职业教育	
	1992~2001年	2002~2009年	1992~2001年	2002~2011年	1992~2001年	2002~2011年	1992~2001年	2002~2009年
Arellano-Bond AR（2）	0.235	0.207	0.269	0.233	0.192	0.185	0.206	0.196

注：*、**、***分别表示在1%、5%和10%水平上通过显著性检验。

二是2001年前，三大地区中等职业教育的正面影响最大，此后，东部、中部高等职业教育的正面影响最大，西部中等职业教育的正面影响最大。从表6-6至表6-8可知，2001年前，相对于高等和初等职业教育，三大地区中等职业教育对城镇化水平的正面影响均最大，但较中部、西部而言，东部地区中等职业教育对城镇化水平的正面影响最大，原因可能在于2001年前，三大地区的经济发展水平偏低，科技实力不强，所以劳动力市场需求的多是中等职业教育，但是相对中部、西部地区从事的多是资源密集型行业和初级产品生产而言，东部地区当时从事更多的是劳动密集型行业和工业制成品生产，对中等职业教育人才有更多的需求。2001年后，东部、中部高等职业教育对城镇化水平的正面影响大于中等职业教育，但西部地区依然是中等职业教育对城镇化水平的正面影响最大，原因可能在于2001年后随着东部地区的科技水平提高和产业结构升级，该地区更多从事的是资本技术密集型的制造业生产、产品技术的研发和现代服务业，除了需要大量普通高等教育人才，对职业教育人才的技能知识要求也大幅提高。而中部地区在承接东部地区产业转移的同时，该地区的科技水平和产业结构水平也在不断提高，一方面该地区从事更多的是具有技术含量的劳动密集型产品生产，另一方面该地区的现代服务业比重也在提高，这些也加大了对高等职业教育人才的需求。至于西部地区，虽然也部分承接了东部地区的劳动密集型产业转移，但大多这些产业的技术含量相对较低，且该地区的产业结构中资源性和初级产品比重较高，传统服务业比重较高，这些都削弱了高等职业教育对该地区城镇化水平的促进作用。此外，西部

第六章 普通教育与职业教育对中国城镇化水平影响的实证分析

地区高校扩招比例偏高,城镇里又不能提供更多的就业岗位,致使一部分高职毕业生处于闲置、回到原籍、参加西部志愿计划或去中部、东部地区就业,这也在一定程度上减弱了高等职业教育对西部地区城镇化水平的促进作用。但从表6-8中也发现西部地区高等职业教育对城镇化水平的促进作用在增加,虽然就强度而言尚不能取代中等职业教育对该地区城镇化水平的影响,但说明高等职业教育对西部地区的城镇化水平的促进作用正在逐渐凸显,这是符合经济发展常规的。

三是初等职业教育均不利于三大地区的城镇化水平提高,但不显著。表6-6至表6-8的实证结果表明在样本期内,初等职业教育均不利于三大地区的城镇化水平提高,但同样也没有通过显著性检验。此外,经济发展水平、产业结构和经济开放度也均有利于三大地区城镇化水平提高,进一步验证了预期;城乡收入差距对三大地区城镇化水平的影响在2001年前是正面影响,2001年后是负面影响,这也说明了目前三大地区的城乡收入差距过大均不利于城镇化水平的提高。

其次,实证检验了普通教育对三大地区城镇化水平的影响。

依据估计结果发现,三大地区的普通教育均促进了城镇化水平提高,三大地区普通教育发展水平提高1个百分点,城镇化水平分别提高0.112个、0.074个、0.031个百分点,通过了不同显著性水平检验。故东部地区普通教育对城镇化水平的促进作用大于中西部地区,其中,东部地区普通高等教育、普通中等教育与普通初等教育规模分别提高1个百分点,城镇化水平相应显著提高了0.098个、0.077个、-0.045个百分点。可见东部地区普通高等教育对城镇化水平的促进作用最大,高于普通中等教育,东部地区普通初等教育不利于城镇化水平提高,但后者未通过显著性检验。该结论也适用于中部地区,但针对西部地区的实证检验结果与之不同,西部地区普通高等教育、普通中等教育与普通初等教育规模分别提高1个百分点,城镇化水平相应显著提高了0.064个、0.081个、-0.026个百分点。可见西部地区普通中等教育对城镇化水平的促进作用最大,高于普通高等教育,但该地区普通高等教育对城镇化水平的促进作用正在逐渐凸显。最后在样本期内,普通初等教育不利于西部地区的城镇化水平提高,但这并没有通过显著性检验。

三、对不同类型城市城镇化水平的影响

首先,实证分析职业教育对不同类型城镇化水平的影响,具体结果分别如表6-9、表6-10和表6-11所示。

表6-9　职业教育对省会城市城镇化水平影响的实证结果

变量	职业教育		高等职业教育		中等职业教育		初等职业教育	
	1992~2001年	2002~2010年	1992~2001年	2002~2012年	1992~2001年	2002~2012年	1992~2001年	2002~2010年
常数项	3.118***	2.894**	4.175***	4.902**	3.500***	4.287**	4.638***	4.009**
$\ln UR_{it-1}$	0.325**	0.341***	0.309**	0.328***	0.317**	0.356***	0.301**	0.323***
$\ln VE$	0.107**	0.120**	0.088**	0.129**	0.116**	0.074**	-0.053	-0.071
$\ln ED$	0.242*	0.254**	0.233**	0.245*	0.239**	0.278*	0.237**	0.280*
$\ln IS$	0.190**	0.216**	0.168**	0.197**	0.154*	0.195**	0.162*	0.173**
$\ln TR$	0.121***	0.145**	0.147**	0.164***	0.128**	0.150**	0.139**	0.148**
$\ln FD$	0.049**	0.057**	0.066**	0.091***	0.062**	0.073**	0.078***	0.094***
$\ln IG$	0.056**	-0.048**	0.049***	-0.043**	0.057**	-0.052**	0.061***	-0.046**
Adjusted R^2	0.943	0.952	0.910	0.936	0.891	0.915	0.873	0.885
Wald 检验	1152.24	1307.19	998.35	1240.85	1106.76	1382.48	1426.90	1503.11
Sargan 检验	0.245	0.296	0.272	0.289	0.239	0.306	0.312	0.325
Arellano-Bond AR (1)	0.002	0.005	0.004	0.003	0.002	0.006	0.007	0.009
Arellano-Bond AR (2)	0.187	0.218	0.203	0.216	0.189	0.240	0.248	0.257

注:*、**、***分别表示在1%、5%和10%水平上通过显著性检验。

第六章 普通教育与职业教育对中国城镇化水平影响的实证分析

表6-10 职业教育对地级市城镇化水平影响的实证结果

变量	职业教育		高等职业教育		中等职业教育		初等职业教育	
	1992~2001年	2002~2010年	1992~2001年	2002~2012年	1992~2001年	2002~2012年	1992~2001年	2002~2010年
常数项	4.209**	3.545**	3.890***	4.313**	4.058***	4.436***	3.761***	3.897***
$\ln UR_{it-1}$	0.331***	0.338***	0.316**	0.327***	0.305**	0.320***	0.343**	0.349**
$\ln VE$	0.087**	0.149**	0.070**	0.106**	0.103**	0.078**	-0.042	-0.054
$\ln ED$	0.203*	0.217**	0.214**	0.228*	0.220**	0.245*	0.219**	0.236*
$\ln IS$	0.176**	0.192*	0.163**	0.189*	0.151**	0.177**	0.158*	0.175**
$\ln TR$	0.075***	0.096**	0.072***	0.084***	0.076**	0.093**	0.080**	0.098**
$\ln FD$	0.028**	0.034**	0.027**	0.035**	0.030**	0.041***	0.027***	0.032***
$\ln IG$	0.032**	-0.021**	0.035***	-0.020**	0.034**	-0.032**	0.035**	-0.023**
Adjusted R^2	0.930	0.943	0.908	0.921	0.902	0.919	0.894	0.876
Wald检验	1316.27	1138.05	1020.50	947.68	1390.26	1261.34	939.89	900.10
Sargan检验	0.299	0.240	0.236	0.267	0.307	0.286	0.213	0.204
Arellano-Bond AR(1)	0.005	0.002	0.002	0.003	0.006	0.004	0.002	0.002
Arellano-Bond AR(2)	0.219	0.191	0.183	0.196	0.235	0.207	0.176	0.169

注：*、**、*** 分别表示在1%、5%和10%水平上通过显著性检验。

表6-11 职业教育对县级市城镇化水平影响的实证结果

变量	职业教育		高等职业教育		中等职业教育		初等职业教育	
	1992~2001年	2002~2010年	1992~2001年	2002~2012年	1992~2001年	2002~2012年	1992~2001年	2002~2010年
常数项	3.785***	4.064**	2.217***	3.609***	3.856***	4.002**	2.469***	4.174***
$\ln UR_{it-1}$	0.342**	0.335***	0.308**	0.317**	0.294**	0.315**	0.302**	0.318**
$\ln VE$	0.058**	0.072**	0.041**	0.067**	0.075**	0.090**	-0.036	-0.043
$\ln ED$	0.187*	0.201**	0.194**	0.213*	0.202**	0.221*	0.198*	0.215*
$\ln IS$	0.121**	0.130*	0.115**	0.128*	0.113**	0.137**	0.114**	0.129**
$\ln TR$	0.039**	0.043***	0.036**	0.045**	0.031***	0.046**	0.033**	0.040**

续表

变量	职业教育		高等职业教育		中等职业教育		初等职业教育	
	1992~2001年	2002~2010年	1992~2001年	2002~2012年	1992~2001年	2002~2012年	1992~2001年	2002~2010年
lnFD	0.016**	0.020**	0.017**	0.021***	0.015**	0.028***	0.017***	0.022***
lnIG	0.023	0.026	0.022	0.024	0.020	0.027	0.019	0.023
Adjusted R^2	0.862	0.887	0.879	0.902	0.897	0.913	0.855	0.871
Wald 检验	1002.05	991.32	1315.48	1198.69	980.08	1117.41	1464.27	1382.36
Sargan 检验	0.274	0.273	0.320	0.281	0.269	0.275	0.353	0.337
Arellano-Bond AR (1)	0.004	0.004	0.005	0.004	0.003	0.004	0.007	0.006
Arellano-Bond AR (2)	0.208	0.206	0.263	0.215	0.194	0.212	0.304	0.280

注：*、**、***分别表示在1%、5%和10%水平上通过显著性检验。

一是样本期内省会城市、地级市和县级市的职业教育均促进了城镇化水平提高，其中，2001年前省会城市职业教育对城镇化水平的促进作用最大，而2001年后地级市职业教育对城镇化水平的促进作用最大。原因可能在于2001年前省会城市的经济发展水平虽然不高，但劳动力市场对于职业教育人才的需求高于地级市和县级市，且当时职业教育人才也是首先满足了省会城市发展需要，而2001年后省会城市科技实力显著增强，经济水平明显提高，为了实现产业结构调整和经济增长方式转变，保证经济更好更快增长，省会城市对于普通高等教育（本科、硕士和博士）的人才需求大幅提高，高于职业教育人才需求，同时省会城市也能供给和吸引普通高等教育人才。而县级市科技水平低，产业结构滞后，经济发展水平低，虽然对职业教育人才有需求，但需求量不大，同时职业教育人才由于各种原因往往不愿意去县级市就业，致使职业教育对县级市的城镇化影响较低，而地级市科技水平和产业结构决定了其对有一定知识技能的职业教育人才有着更多的需求，同时大多地级市能供给和吸引职业教育人才来满足需求，进而致使相对于省会城市和县级市，地级市职业教育对城镇化水平的促进

第六章 普通教育与职业教育对中国城镇化水平影响的实证分析

作用最大。

二是 2001 年前，对于省会城市、地级市和县级市而言，中等职业教育对城镇化水平的促进作用均最大，但较地级市和县级市而言，省会城市中等职业教育对城镇化水平的促进作用最大。原因可能在于 2001 年前，中部地区省会城市、地级市和县级市的科技水平偏低，经济发展水平较低，故劳动力市场更多需要的是中等职业教育，但是地级市，特别是县级市的产业结构中农业、初级产品生产行业、资源密集型行业比重高，相对而言，省会城市产业结构中劳动密集型行业和工业制成品生产行业比重高，对中等职业教育人才有更多的需求。2001 年后，相对于中等职业教育，省会城市和地级市高等职业教育对城镇化水平的促进作用最大，但县级市依然是中等职业教育对城镇化水平的促进作用要高于高等职业教育，但县级市高等职业教育对城镇化水平的促进作用正在逐渐增加。原因可能在于 2001 年后省会城市经济发展水平提高，科技实力增强，产业结构中资本技术密集型行业、知识密集型行业、新兴行业和现代服务业比重较高，不仅需要大量普通高等教育人才，对职业教育人才的技能知识要求也大幅提高。而地级市由于劳动力、土地等生产要素成本低以及凭借着政府的优惠政策在承接省会城市和东部地区产业转移的同时，科技水平和产业结构水平也在提高，产业结构中有一定技术含量的劳动密集型行业和现代服务业比重在增加，这增加了高等职业教育人才需求。同时省会城市和地级市也能满足该需求。至于县级市，虽然也部分承接了省会城市和东部地区的产业转移，但转移的企业更多看重的是县级市丰富的自然资源、较低的生产要素成本、优惠的政策以及潜在的市场，故承接的基本是资源密集型行业、初级产品加工行业和技术含量低的劳动密集型行业，且县级市原本产业结构中这些行业比重就较高，加上农业和传统服务业比重较高，致使高等职业教育对县级市城镇化的促进作用较小，此外，县级市不能提供更多的就业岗位和较高的薪资福利待遇，致使一部分高职毕业生处于闲置或去地级市和省会城市就业或去东部地区较为发达的县级市就业，这在一定程度上降低了高等职业教育对县级市城镇化水平的促进作用。但从表6-11中也发现虽然高等职业教育目前尚不能取代中等职业教育对城镇化水平的促进作用,但高等职业教育对县级市城镇化水平的促进作用在增加。

三是表6-9至表6-11的实证结果表明在样本期内,初等职业教育均不利于省会城市、地级市和县级市的城镇化水平提高,但同样没有通过显著性检验。此外,经济发展水平、产业结构和经济开放度也均有利于省会城市、地级市和县级市城镇化水平提高,进一步验证了预期;并且2001年前城乡收入差距促进了省会城市和地级市的城镇化水平,2001年后则不利于城镇化水平提高,这意味着城乡收入差距与省会城市和地级市的城镇化水平是非线性关系。同时从表6-11可知样本期内城乡收入差距对县级市城镇化水平的影响并不显著,这可能是县级市城乡收入差距不大所致。

其次,实证检验普通教育对三类城市城镇化水平的影响。

依据估计结果发现,省会城市、地级市和县级市的普通教育均促进了城镇化水平提高,三类城市普通教育发展水平提高1个百分点,城镇化水平分别提高0.127个、0.075个、0.034个百分点,通过了不同显著性水平检验。故省会城市普通教育对城镇化水平的促进作用最大,高于地级市和县级市,其中省会城市普通高等教育、普通中等教育与普通初等教育规模分别提高1个百分点,城镇化水平相应显著提高了0.102个、0.076个、-0.049个百分点。可见省会城市普通高等教育对城镇化水平的促进作用最大,高于普通中等教育,省会城市普通初等教育不利于城镇化水平提高,但后者未通过显著性检验。该结论也适用于地级市。但针对县级市的实证检验结果与之不同,县级市普通高等教育、普通中等教育与普通初等教育规模分别提高1个百分点,城镇化水平相应显著提高了0.067个、0.084个、-0.028个百分点。可见县级市普通中等教育对城镇化水平的促进作用最大,高于普通高等教育,但该类城市普通高等教育对城镇化水平的促进作用正在逐渐凸显。最后在样本期内,普通初等教育不利于县级市的城镇化水平提高,但这并没有通过显著性检验。

• 第六章　普通教育与职业教育对中国城镇化水平影响的实证分析 •

第六节　本章小结

本章在介绍动态面板数据模型形式及其估计方法的基础上,对变量采用 LLC 检验、Breitung 检验、Hadri 检验、IPS 检验、Fisher-ADF 检验和 Fisher-PP 检验进行平稳性检验,采用 Pedroni 检验和 Kao 检验进行协整检验,最后,基于 1992~2012 年城市动态面板数据,利用系统广义矩估计法克服内生性问题,实证检验得到以下结论:

一是城镇化水平（UR）、普通教育（GE）、职业教育（VE）、经济发展水平（ED）、产业结构（IS）、经济开放度（EO）、城乡收入差距（IG）总体表现均存在单位根,而对其一阶差分值进行检验,其结果在各显著性水平下总体表现为没有单位根,说明变量都是一阶单整 I（1）。

二是协整检验发现全国、东部、中部、西部地区和其他城市有的统计量拒绝了存在协整关系,并对其进行回归计算,看得到的残差序列是否平稳,对残差序列进行平稳性检验,结果发现残差序列都平稳,说明城镇化水平（UR）、普通教育（GE）、职业教育（VE）、经济发展水平（ED）、产业结构（IS）、经济开放度（EO）、城乡收入差距（IG）各变量间均存在长期关系。

三是职业教育有利于中国城镇化水平的提高,其中 2001 年前中等职业教育对中国城镇化水平的正面影响最大,2001 年后高等职业教育对中国城镇化水平的正面影响最大。分区域来看,样本期内,东部、中部、西部地区的职业教育均有利于城镇化水平的提高,其中 2001 年前东部地区职业教育对城镇化水平的正面影响大于中部、西部地区,而 2001 年后则相反,并且 2001 年前,相对于高等和初等职业教育,三大地区中等职业教育对城镇化水平的正面影响均最大,但较中部、西部而言,东部地区中等职业教育对城镇化水平的正面影响最大;2001 年后,东部、中部高等职业教育对城镇化水平的正面影响大于中等职业教育，西部地区依然是中等职业教育对城镇化水平的正面影响最大，但该地区高等职业教育对城镇化水平的促进作用正在逐渐凸显；初等职业教育均不利于三大地区的城镇化水平提高，但这并没有通过显著性检验。

四是分城市来看，样本期内，省会城市、地级市和县级市的职业教育均促进了城镇化水平提高，其中2001年前省会城市职业教育对城镇化水平的促进作用最大，而2001年后地级市职业教育对城镇化水平的促进作用最大，并且2001年前，相对于高等和初等职业教育，省会城市、地级市和县级市中等职业教育对城镇化水平的促进作用均最大，但较地级市和县级市而言，省会城市中等职业教育对城镇化水平的促进作用最大；2001年后，省会城市和地级市高等职业教育对城镇化水平的促进作用大于中等职业教育，但县级市依然是中等职业教育对城镇化水平促进作用最大的，县级市高等职业教育对城镇化水平的促进作用正在逐渐凸显；初等职业教育均不利于省会城市、地级市和县级市的城镇化水平提高，但并不显著。

五是普通教育也促进了中国城镇化水平提高，其中普通高等教育对中国城镇化水平的促进作用最大。分区域来看，样本期内，三大地区的普通教育均促进了城镇化水平提高，目前东部地区普通教育对城镇化水平的促进作用大于中部、西部地区，东部、中部地区普通高等教育对城镇化水平的促进作用大于普通中等教育，西部地区普通中等教育对城镇化水平的促进作用最大，但该地区普通高等教育对城镇化水平的促进作用正在逐渐凸显；普通初等教育均不利于三大地区的城镇化水平提高，但这并没有通过显著性检验。分城市来看，样本期内，省会城市、地级市和县级市的普通教育均促进了城镇化水平提高，目前在三类城市中省会城市普通教育对城镇化水平的促进作用最大，在三个层次教育中省会城市和地级市普通高等教育对城镇化水平的促进作用大于普通中等教育，但县级市普通中等教育对城镇化水平的促进作用最大，县级市普通高等教育对城镇化水平的促进作用正在逐渐凸显；普通初等教育均不利于三类城市的城镇化水平提高，

第六章 普通教育与职业教育对中国城镇化水平影响的实证分析

但未通过显著性检验。

由上述实证结果可知,利用城市面板数据实证的结论也进一步验证了第五章用时间序列数据的实证结论,即全国普通教育、职业教育、普通高等教育、普通中等教育、高等职业教育和中等职业教育与城镇化水平是正相关关系,显著;普通初等教育和初等职业教育与城镇化水平是负相关关系,不显著。但由于在面板数据模型中加入了其他影响城镇化水平的变量,故上述的回归系数较第五章的实证结论均发生了变化,但整体上没有改变实证结论。

第七章

普通教育与职业教育对中国城镇化质量影响的实证分析

这是因为改革开放以来,中国在推进城镇化进程中出现了诸如转移人口就业能力较弱、农民市民化程度较低、城镇产业结构和就业结构滞后、环境污染和城市拥挤等问题,即城镇化轻内涵建设,质量不高。就此进一步就普通教育与职业教育对中国城镇化质量影响进行实证研究。

第一节 模型设定、变量测度与数据说明

依据国内外学者关于城镇化质量影响因素的研究,结合本章需要,最终设定了以城镇化质量(UZ)为被解释变量,教育(ED)为解释变量,分别包括普通教育(GE)与职业教育(VO)不同层次,同时纳入经济发展水平(EC)、产业结构(IN)、劳动生产率(LA)、基础设施水平(BA)、城乡收入差距(UT)、医疗水平(DO)、环境污染(EN)等控制变量的计量模型,具体如下:

第七章 普通教育与职业教育对中国城镇化质量影响的实证分析

$$\ln UZ_{it} = C + \alpha_0 \ln UZ_{it-1} + \alpha_1 \ln ED_{it} + \alpha_2 \ln EC_{it} + \alpha_3 \ln IN_{it} + \alpha_4 \ln LA_{it}$$
$$+ \alpha_5 \ln BA_{it} + \alpha_6 \ln UT_{it} + \alpha_7 \ln DO_{it} + \alpha_8 \ln EN_{it} + \mu_{it}$$

其中，i 表示第 i 个城市；t 表示第 t 年；u 是随机误差项。加入滞后一期的城镇化质量，是为了涵盖未考虑到的其他影响因素。

首先，关于城镇化质量测度。目前已有很多学者构建不同指标体系来衡量，较有代表性的有叶裕民（2001）、赵海燕（2007）、李成群（2007）、王忠诚（2008）和许宏（2009）等从经济现代化、基础设施现代化、人的现代化和城乡一体化四方面构建指标体系来测度；袁晓玲（2008）、何文举（2009）等从物质文明、精神文明和生态文明三个方面构建指标体系来测度；顾朝林（2008）等从人口城市化、经济城市化、生活方式城市化和地域景观城市化四个方面构建指标体系来测度；韩增林（2009）、于涛（2010）、徐素（2011）、庞玉珍（2011）从经济发展质量、城市生活质量、社会发展质量、基础设施质量、生态环境质量、城乡与地区统筹质量六个方面构建指标体系来测度；李明秋（2010）等从城市发展质量、城市化效率和城乡一体化程度三个方面构建指标体系来测度；方创琳（2011）、王德利（2011）等从经济城市化发展质量、社会城市化发展质量、空间城市化保障质量三个方面构建指标体系来测度；王洋（2012）等从人口城镇化、经济城镇化、社会城镇化三个方面构建指标体系来测度；陈明（2012）等从城乡统筹、综合承载、推进效率、生态环境和社会和谐五个方面构建指标体系来测度。这些指标体系看似差异较大，其实由三级指标可发现上述体系较为相似，主要是围绕城镇自身发展质量、城镇化推进效率和城乡协调程度三个方面来测度城镇化质量，据此，借鉴魏后凯等（2013）构建的指标体系，结合数据的可得性，分别在对应的城镇发展质量指数的二级指标经济发展质量、社会发展质量和空间发展质量指标的三级指标中加入城镇化率、高新技术产业增加值占规模以上工业增加值比重、社会保险综合参保率、每百户拥有电话数（含移动电话）和环境噪声达标率等，共计 30 个细分指标来测度城镇化质量。由于选取指标较多，数据量大,本章采用了 Z 得分值法对数据进行了标准化处理,以消除数据在量纲和数量级上的差别。并对指标体系中的逆向指标采用了"1 - 逆向指标"的方法进行了处理。原始数据来源于各市县的统计公报、《中国城市建设统计年鉴》《中国县(市)社会经济统计年鉴》《中国城市统计年鉴》。

其次,关于普通教育与职业教育及其不同层次测度。本章均用相应教育在校生数和毕业生数之和占城市总人口数的比重来衡量。通过上述理论分析可知,教育通过为城镇化质量提高输送劳动力资源,改善城镇人口结构、促进城镇产业结构和就业结构升级、缩小城乡收入差距、促进农民市民化和城镇居民生产生活方式转变、推动城镇民主法制建设、减少教育不公平等方面提高城镇化质量。

最后,关于其他控制变量测度。用人均国内生产总值衡量经济发展水平,同时用第二、第三产业产值占国内生产总值比重衡量产业结构,用单位劳动力的国内生产总值(国内生产总值/劳动力总数)测度劳动生产率,并对各城市国内生产总值原始数据用国内生产总值折算指数(以 1992 年为 100)进行处理;用人均拥有城镇道路面积衡量基础设施水平;用城镇居民人均可支配收入与农民人均纯收入比值衡量城乡收入差距;用每万人拥有医生数测度医疗水平;借鉴许和连、邓玉萍(2012)构建的环境污染综合指数衡量城镇环境污染状况。上述变量的原始数据来源于《中国教育统计年鉴》、各市县统计年鉴和统计公报、《中国城市统计年鉴》和《中国县(市)社会经济统计年鉴》。

选择的样本时间是 1992 ~ 2012 年。表 7 - 1 给出了各变量的描述统计量。从中可知,样本期内中国城镇化质量均值为 0.324,而据计算,东部、中部、西部地区城镇化质量均值分别为 0.482、0.291 和 0.305,地级以上城市、地级市和县级市城镇化质量均值分别为 0.526、0.329 和 0.203。可见,东部地区城镇化质量高于中部和西部地区,地级以上城市城镇化质量高于地级市和县级市。并且值得注意的是样本期内中国普通教育与职业教育在校生数、毕业生数之和占总人口数比值的均值分别为 8.495% 和

第七章 普通教育与职业教育对中国城镇化质量影响的实证分析

1.478%，并计算得知东部、中部、西部地区普通教育该比值的均值分别为11.724%、8.663%、6.219%，职业教育该比值均值分别为1.389%、1.612%、1.416%，地级以上城市、地级市和县级市普通教育该比值的均值分别为13.015%、8.748%和5.652%，职业教育该比值均值分别为1.427%、1.954%和1.458%。可见，东部地区普通教育与职业教育在校生数、毕业生数之和占总人口数比值高于中部和西部地区，地级以上城市高于地级市和县级市。因此，这似乎意味着普通教育与职业教育均促进了城镇化质量提高，但由于这里没有考虑其他影响城镇化质量的因素，且无法比较研究，故仅依据描述性分析得出结论过早。此外，不同层次教育对中国不同地区、不同类型城市城镇化质量产生何种影响也无法回答，故下面将比较实证分析。

表7-1 变量的描述性统计结果

变量	UZ	GE(%)	VO(%)	EC(万元/人)	IN(%)	LA(元/人)	BA(平方米)	UT(倍)	DO(%)	EN
均值	0.324	8.495	1.478	5.263	60.142	11.639	18.521	2.376	0.250	0.046
最大值	0.786	16.253	3.619	9.952	98.907	19.135	32.428	5.141	0.574	0.103
最小值	0.137	2.012	0.175	2.338	47.526	4.284	6.963	1.315	0.062	0.017
标准差	0.213	6.457	1.224	2.536	17.895	6.162	10.008	1.390	0.201	0.046
观测值	13272	13272	13272	13272	13272	13272	13272	13272	13272	13272

第二节 数据检验与内生性问题

对于动态面板数据模型，其估计的前提是面板数据必须是平稳的，否则可能产生谬误回归的结果。因此，利用LLC检验、Breitung检验、Hadri检验、IPS检验、Fisher-ADF检验和Fisher-PP检验方法对上述变量的面板数据进行平稳性检验，采用Pedroni检验和Kao检验方法对上述变量的面板数据进行协整检验，这是由于宏观经济变量的面板数据通常存在单位根，所以需要继续判断变量间是否存在协整关系，然后对回归模型可能出现的解释变量内生性问题进行分析。

一、面板数据的平稳性检验

由于在上一章中已经对普通教育（GE）、职业教育（VE）、经济发展水平（EC）、产业结构（IN）、城乡收入差距（UT）进行了平稳性检验，本章仅对城镇化质量（UZ）、劳动生产率（LA）、基础设施水平（BA）、医疗水平（DO）、环境污染（EN）进行检验。从表7-2、表7-3中可看出，城镇化质量（UZ）、劳动生产率（LA）、基础设施水平（BA）、医疗水平（DO）、环境污染（EN）总体表现均存在单位根，而对其一阶差分值进行检验，其结果在各显著性水平下总体表现为没有单位根，说明变量都是一阶单整 I（1）。

表7-2　　　　　　　变量水平值面板单位根检验结果

变量	面板单位根检验方法					
	LLC	Breitung	Hadri	IPS	Fisher-ADF	Fisher-pp
$\ln UZ$	3.11561 (1.0000)	2.54727 (0.9936)	7.72645 (0.0000)	1.03682 (0.8501)	16.5148 (1.0000)	15.5729 (1.0000)
$\ln LA$	-6.40053 (0.0000)	5.17842 (1.0000)	7.53184 (0.0000)	2.72966 (0.9890)	20.3527 (1.0000)	19.2734 (1.0000)
$\ln BA$	-5.99756 (0.0000)	1.05900 (0.8552)	9.46198 (0.0000)	0.57526 (0.7174)	68.8514 (0.2568)	16.451 (1.0000)
$\ln DO$	6.98995 (1.0000)	4.42223 (1.0000)	12.0784 (0.0000)	8.97292 (1.0000)	6.78486 (1.0000)	6.17821 (1.0000)
$\ln EN$	1.69207 (0.9547)	-4.05994 (0.0000)	12.5111 (0.0000)	1.75280 (0.9602)	40.9264 (0.9822)	96.3346 (0.0034)

注：括号内为概率值，括号外为统计量，概率值小于0.01表明在1%的显著性水平下拒绝原假设，概率值小于0.05表明在5%的显著性水平下拒绝原假设，概率值小于0.1表明在10%的显著性水平下拒绝原假设。

第七章 普通教育与职业教育对中国城镇化质量影响的实证分析

表7-3 变量一阶差分值面板单位根检验结果

变量	面板单位根检验方法					
	LLC	Breitung	Hadri	IPS	Fisher-ADF	Fisher-pp
lnUZ	-13.1468 (0.0000)	-2.80942 (0.0036)	3.75990 (0.0002)	-6.07653 (0.0000)	96.1178 (0.0000)	110.024 (0.0000)
lnLA	-10.7478 (0.0000)	-2.70526 (0.0048)	3.69017 (0.0002)	-4.90485 (0.0000)	94.2783 (0.0000)	101.3541 (0.0000)
lnBA	-26.0177 (0.0000)	-2.38630 (0.0085)	25.9774 (0.0000)	-4.06030 (0.0000)	171.652 (0.0000)	226.708 (0.0000)
lnDO	-5.12423 (0.0000)	-2.65814 (0.0039)	30.1010 (0.0000)	-1.22227 (0.1108)	83.0223 (0.0386)	169.140 (0.0000)
lnEN	-72.3856 (0.0000)	-2.68908 (0.0000)	20.1923 (0.0000)	-6.13439 (0.0000)	142.041 (0.0000)	260.973 (0.0000)

注：括号内为概率值，括号外为统计量，概率值小于0.01表明在1%的显著性水平下拒绝原假设，概率值小于0.05表明在5%的显著性水平下拒绝原假设，概率值小于0.1表明在10%的显著性水平下拒绝原假设。

二、面板数据的协整检验

由于面板数据存在单位根，需要继续判断变量间是否存在协整关系。这里对变量进行协整检验，主要是采用建立在EG二步法检验基础上的面板协整检验中的Pedroni检验和Kao检验方法。从表7-4中可看出，全国、东部、中部、西部以及其他三类城市有的统计量拒绝了存在协整关系，并对其进行回归计算后，看得到的残差序列是否平稳。对残差序列进行平稳性检验，表7-5结果表明残差序列都平稳，说明城镇化质量（UZ）、普通教育（GE）、职业教育（VE）、经济发展水平（EC）、产业结构（IN）、劳动生产率（LA）、基础设施水平（BA）、城乡收入差距（UT）、医疗水平（DO）、环境污染（EN）各变量间均存在长期关系。

表7-4　　面板数据的协整检验结果

检验方法		全国	东部	中部	西部	省会城市	地级市	县级市
Pedroni 检验	Panel-v	3.096231 (0.9842)	3.070962 (0.9826)	3.166103 (0.9877)	2.214383 (0.9735)	4.172944 (1.0000)	4.732206 (1.0000)	2.406399 (0.9780)
	Panel-ρ	3.257655 (0.9929)	3.250094 (0.9910)	3.054161 (0.9808)	2.486130 (0.9795)	4.367530 (1.0000)	4.978815 (1.0000)	3.820047 (1.0000)
	Panel-PP	-10.84673 (0.0000)	-9.447195 (0.0000)	-11.36778 (0.0000)	-9.825192 (0.0000)	-11.67820 (0.0000)	-10.75745 (0.0000)	-9.03473 (0.0000)
	Panel-ADF	-4.025506 (0.0000)	-3.761249 (0.0018)	-3.882463 (0.0000)	-4.918004 (0.0000)	-4.722275 (0.0000)	-4.501842 (0.0000)	-3.943657 (0.0000)
	Group-ρ	5.606440 (1.0000)	5.237572 (1.0000)	4.490057 (1.0000)	4.659148 (1.0000)	4.537593 (1.0000)	5.401891 (1.0000)	6.110038 (1.0000)
	Group-PP	-13.14679 (0.0000)	-11.70974 (0.0000)	-12.61750 (0.0000)	-12.05627 (0.0000)	-9.03628 (0.0000)	-11.19340 (0.0000)	-10.71071 (0.0000)
	Group-ADF	-3.250035 (0.0007)	-3.420020 (0.0001)	-5.364152 (0.0000)	-4.358739 (0.0000)	-3.423457 (0.0001)	-3.374316 (0.0004)	-4.367536 (0.0000)
Kao 检验	ADF	-2.873689 (0.0015)	-2.923211 (0.0013)	-3.165848 (0.0009)	-2.800763 (0.0027)	-3.212925 (0.0008)	-3.172124 (0.0009)	-2.828521 (0.0015)

注：括号内为概率值，括号外为统计量，概率值小于0.01表明在1%的显著性水平下拒绝原假设，概率值小于0.05表明在5%的显著性水平下拒绝原假设，概率值小于0.1表明在10%的显著性水平下拒绝原假设。

表7-5　　残差序列的平稳性检验

区域	面板单位根检验方法					
	LLC	Breitung	Hadri	IPS	Fisher-ADF	Fisher-pp
全国	-8.20816 (0.0000)	-4.63113 (0.0000)	5.74927 (0.0000)	-4.47360 (0.0000)	103.004 (0.0000)	133.124 (0.0000)
东部	-7.41250 (0.0000)	-2.45331 (0.0053)	4.37698 (0.0000)	-6.60486 (0.0000)	114.198 (0.0000)	152.112 (0.0000)
中部	-6.39399 (0.0000)	-5.6377 (0.0000)	4.61581 (0.0000)	-5.19568 (0.0000)	108.073 (0.0000)	141.245 (0.0000)

第七章 普通教育与职业教育对中国城镇化质量影响的实证分析

续表

区域	面板单位根检验方法					
	LLC	Breitung	Hadri	IPS	Fisher-ADF	Fisher-pp
西部	-7.64564 (0.0000)	-2.08399 (0.0176)	4.94315 (0.0000)	-4.87292 (0.0000)	137.246 (0.0000)	175.544 (0.0000)
省会城市	-6.48443 (0.0000)	-2.86987 (0.0027)	3.78162 (0.0000)	-5.56874 (0.0000)	94.0143 (0.0000)	118.261 (0.0000)
地级市	-6.15383 (0.0000)	-5.16716 (0.0000)	4.38655 (0.0000)	-4.81950 (0.0000)	97.8863 (0.0000)	120.814 (0.0000)
县级市	-7.07128 (0.0000)	-1.83551 (0.0273)	4.51527 (0.0000)	-4.34370 (0.0000)	119.457 (0.0000)	144.291 (0.0000)

注：括号内为概率值，括号外为统计量，概率值小于0.01表明在1%的显著性水平下拒绝原假设，概率值小于0.05表明在5%的显著性水平下拒绝原假设，概率值小于0.1表明在10%的显著性水平下拒绝原假设。

三、内生性问题

估计前还可能因为被解释变量反作用于解释变量和控制变量，产生内生性问题，如城镇化为普通教育与职业教育发展提供了物质基础，影响了两者的规模；城镇化质量的提高有助于经济更好更快增长等，致使回归结果不可靠；还可能因为解释变量和控制变量影响被解释变量前，被解释变量已经发生了变化而导致的内生性问题，致使回归结果即使表明解释变量和控制变量影响了被解释变量，也不能断言前者对后者有影响。如普通教育与职业教育发达的城市有可能城镇化质量原本就较高；经济发展水平高的城市也有可能城镇化质量原本就较高等。因此，为了克服上述内生性问题，利用阿拉诺和鲍威尔（1995）、布兰德尔和邦德（1997）、邦德（2002）的研究提出了系统广义矩估计方法实证研究；利用Stata软件中用于求解系统广义矩估计值的Xtabond2程序估计，并进行了Sargan检验和Arellano-Bond统计检验，分别检验了所选取工具变量的有效性和残差序列的自相关性。

第三节 实证结果分析

一、对中国城镇化质量影响的实证结果分析

普通教育与职业教育对中国城镇化质量的影响见表7-6，Adjusted R^2、Wald检验和Sargan检验等统计量均无异常，Arellano-Bond AR（1）值表明残差有一阶自相关性，Arellano-Bond AR（2）值表明残差已没有二阶自相关性，从回归结果可知：

表7-6 普通教育与职业教育对中国城镇化质量影响的实证结果

变量	普通教育	职业教育	普通高等教育	高等职业教育	普通中等教育	中等职业教育	普通初等教育	初等职业教育
常数项	2.536**	3.167***	3.480**	2.584**	4.005**	1.948**	5.762**	3.831**
$\ln UR_{it-1}$	0.312***	0.335**	0.276**	0.308***	0.349**	0.293**	0.324**	0.307**
$\ln ED$	0.089**	0.093*	0.119**	0.127**	0.078***	0.086**	-0.043**	-0.034***
$\ln EC$	0.173*	0.202**	0.195**	0.210*	0.186**	0.221**	0.198*	0.209**
$\ln IN$	0.125**	0.119***	0.143**	0.136**	0.150**	0.134**	0.127**	0.142**
$\ln LA$	0.134**	0.140**	0.127***	0.116*	0.147**	0.125**	0.139**	0.128**
$\ln BA$	0.101**	0.098**	0.114***	0.095**	0.123**	0.087**	0.096**	0.110**
$\ln UT$	-0.080**	-0.076**	-0.058**	-0.067**	-0.072***	-0.065*	-0.051**	-0.063**
$\ln DO$	0.077***	0.069**	0.082**	0.073*	0.061**	0.070**	0.085**	0.079**
$\ln EN$	-0.043**	-0.045**	-0.039**	-0.034***	-0.058**	-0.052**	-0.047***	-0.036***
Wald检验	1359.28	1187.54	1021.31	1519.82	1225.66	990.19	1413.04	1248.30
Sargan检验	0.316	0.261	0.237	0.390	0.274	0.233	0.319	0.275
Arellano-Bond AR（1）	0.006	0.005	0.004	0.007	0.005	0.004	0.006	0.005
Arellano-Bond AR（2）	0.269	0.252	0.215	0.278	0.257	0.211	0.272	0.258

注：*、**、***分别表示在1%、5%和10%水平上通过显著性检验。

第七章 普通教育与职业教育对中国城镇化质量影响的实证分析

首先,从表7-6可知,普通教育在校生和毕业生数占总人口数比重提高1%,城镇化质量提高0.089%,在5%水平上通过了显著性检验,职业教育在校生和毕业生数占总人口数比重提高1%,城镇化质量提高0.093%,在1%水平上通过了显著性检验。可见,普通与职业教育均促进了中国城镇化质量提高,其中职业教育的促进作用略大于普通教育。原因可能在于中国整体经济发展水平、科技水平、产业结构和企业规模决定了城镇对于技能型人才的需求更多,职业教育所培养出来的人才在一定程度上更好迎合了这种需求。普通高等、中等与初等教育在校生和毕业生数占总人口数比重提高1%,城镇化质量分别提高了0.119%、0.078%、-0.043%,均通过了显著性检验;高等、中等与初等职业教育在校生和毕业生数占总人口数比重提高1%,城镇化质量分别提高了0.127%、0.086%、-0.034%,也均显著。因此,除普通初等教育与初等职业教育外,其他层次教育均促进了中国城镇化质量提高,促进作用大小依次是高等职业教育、普通高等教育、中等职业教育、普通中等教育。原因可能在于中国加入WTO以后经济发展较快,科技实力显著增强,同时城镇产业结构优化,技能型的现代制造业和现代生产性服务业比重增加,对高等职业教育产生了大量需求。而1999年开始高校扩招增加的高等职业教育学生从2002年开始毕业,且2002年国务院召开全国职业教育工作会议,要求积极发展高等职业教育,使高等职业教育规模大幅增加,正好在一定程度上迎合了城镇对于高职人才的需求。同时相对发达国家,中国经济发展整体水平和科技实力仍然不高,产业结构中技术知识密集型行业、高精尖行业和新兴服务业比重还较低,并且中国作为发展中国家承接了发达国家的产业转移,发达国家往往更多的是将产品的制造环节转移到中国各城市,这一环节往往需要的是熟练的技能型人才,并且发达国家将产品的研发、销售等高附加值环节大多依然保留在其国内,致使中国在国际产业链中位于较低端,也降低了中国城镇对于普通高等教育人才需求增加的幅度。1999年后,高校扩招每年以40万人以上的速度递增,其中大部分录取的学生均接受的是普通高等教育，致使普通高等教育规模迅速增加，拉动了城镇内需，也带动了城镇相关产业发展，但也带来了普通高校办学资源紧张，在相关政策措施跟不上的情况下，教学质量滑坡，毕业生就业技能水平低下，产生了就业困境，由此导致普通高等教育对城镇化质量的边际效应下降，低于高等职业教育对城镇化质量的促进作用。此外，依据21世纪教育研究院发布的《中国教育发展报告2014》和麦可思研究院发布的《2014年中国大学生就业报告》公布的数据，可知高职高专院校初次就业率最高，高于"211"（包括"985"）重点大学，专科生的初次就业率高于本科生。这在一定程度上也说明普通高等教育存在一定的供给失衡，相对于中国城镇对普通高等教育人才的需求，其供给过多，且专业和城镇用人单位需求不相符合，而与此相对应的是城镇出现的"技工荒"，高技能人才的短缺，这也使得高等职业教育对城镇化质量的边际效应高于普通高等教育。

其次，至于中等职业教育对城镇化质量的促进作用高于普通中等教育，原因在于中国城镇产业结构中还存在比重较高的低层次劳动密集型行业和传统服务业，这些行业通常要求有一定的基本工作技能，但同时对专业技能和综合技能要求不高。因此，相对普通中等教育，中等职业教育者往往更符合城镇用人单位要求，进而为城镇化质量提高了人力资源支持；并且使接受中等职业教育比例较高的农村女性转移到城镇，进而优化了城镇人口结构和就业结构。同时，也有助于通过缩小城乡收入差距、促进农民市民化等方面提高城镇化质量。

最后，普通初等教育与初等职业教育均对城镇化质量提高产生了负面影响，但该影响较小。原因在于城镇对受过普通初等教育与初等职业教育的人需求少，还在于普通初等教育与初等职业教育无法通过之前提到的途径提高城镇化质量。具体是：相对男性，接受普通初等教育与初等职业教育的农村女性转入城镇的概率较低，即便转入城镇，其工作岗位也很容易被替代，回流到农村，因此，难以优化城镇人口结构和就业结构；接受普

第七章 普通教育与职业教育对中国城镇化质量影响的实证分析

通初等教育与初等职业教育的人在城镇中多从事附加值低的简单劳动,难以满足产业结构升级需要,甚至固化了原有城镇产业结构;与普通高等教育和高等职业教育相比,接受过普通初等教育与初等职业教育的人收入往往较低,这在一定程度上不利于城乡收入差距缩小;且导致难以改变身份地位、思想观念和生活消费行为等方式,使其市民化;同时仅受过普通初等教育与初等职业教育的人受到更高层次教育的机会少,不利于城镇化进程中的教育公平;受过普通初等教育与初等职业教育的人民主法制意识较为淡薄,往往不会去关注城镇民主法制建设,甚至其迫于城镇生活工作压力,对城镇民主法制建设不利,进而对城镇化质量提高产生了负面影响。

二、对不同地区城镇化质量影响的实证结果分析

进一步利用 Stata 软件估计了普通教育与职业教育对东中西部地区城镇化质量的影响,具体估计结果如表 7-7 至表 7-9 所示,其中 Wald 统计量、Sargan 检验和 Arellano-Bond 检验均无异常。

表 7-7 普通教育与职业教育对东部地区城镇化质量影响的实证结果

变量	普通教育	职业教育	普通高等教育	高等职业教育	普通中等教育	中等职业教育	普通初等教育	初等职业教育
常数项	3.034 **	2.458 ***	1.675 ***	2.103 **	2.746 **	3.127 ***	2.309 ***	1.900 **
$\ln UR_{it-1}$	0.289 ***	0.301 **	0.326 **	0.317 ***	0.342 **	0.338 **	0.347 **	0.325 **
$\ln ED$	0.135 **	0.120 *	0.164 **	0.156 **	0.057 **	0.075 **	-0.048 **	-0.041 ***
$\ln EC$	0.226 *	0.199 **	0.182 **	0.234 *	0.218 **	0.220 *	0.241 *	0.233 **
$\ln IN$	0.117 **	0.123 **	0.148 **	0.129 **	0.135 **	0.132 **	0.103 **	0.126 **
$\ln LA$	0.150 **	0.137 **	0.143 ***	0.132 *	0.140 *	0.126 **	0.135 **	0.134 ***
$\ln BA$	0.092 **	0.105 **	0.097 **	0.118 **	0.114 **	0.109 **	0.086 **	0.102 **
$\ln UT$	-0.073 **	-0.064 **	-0.069 **	-0.071 **	-0.053 ***	-0.047 *	-0.062 **	-0.058 **
$\ln DO$	0.061 ***	0.072 **	0.075 **	0.080 *	0.069 **	0.078 **	0.083 **	0.074 **

续表

变量	普通教育	职业教育	普通高等教育	高等职业教育	普通中等教育	中等职业教育	普通初等教育	初等职业教育
lnEN	-0.038**	-0.046**	-0.050**	-0.047***	-0.048**	-0.035**	-0.039***	-0.031***
Wald 检验	1075.69	1219.18	1380.36	1291.25	1463.04	1194.92	1082.50	1347.26
Sargan 检验	0.235	0.273	0.317	0.282	0.321	0.263	0.236	0.315
Arellano-Bond AR（1）	0.004	0.005	0.006	0.005	0.006	0.005	0.004	0.006
Arellano-Bond AR（2）	0.213	0.256	0.271	0.260	0.272	0.254	0.214	0.270

注：*、**、***分别表示在1%、5%和10%水平上通过显著性检验。

表7-8 普通教育与职业教育对中部地区城镇化质量影响的实证结果

变量	普通教育	职业教育	普通高等教育	高等职业教育	普通中等教育	中等职业教育	普通初等教育	初等职业教育
常数项	4.362***	3.964**	3.206***	3.584**	3.231**	4.220**	1.692***	2.267***
$\ln UR_{it-1}$	0.318**	0.327***	0.313**	0.331**	0.343**	0.326**	0.304**	0.336**
lnED	0.081**	0.108**	0.112*	0.139*	0.075**	0.097**	-0.051***	-0.058**
lnEC	0.213*	0.220**	0.225*	0.223*	0.227**	0.224**	0.209**	0.205*
lnIN	0.157***	0.163***	0.141***	0.158***	0.149***	0.156***	0.147***	0.156**
lnLA	0.146**	0.151*	0.128**	0.144**	0.136**	0.135**	0.149*	0.143**
lnBA	0.105***	0.113**	0.107**	0.125**	0.124**	0.109**	0.088***	0.084**
lnUT	-0.068*	-0.062**	-0.054***	-0.057**	-0.065***	-0.061*	-0.053**	-0.059***
lnDO	0.080***	0.086**	0.083**	0.074**	0.077***	0.072**	0.065**	0.066**
lnEN	-0.049***	-0.052	-0.045	-0.042***	-0.050***	-0.045	-0.037***	-0.038
Wald 检验	951.75	992.68	1063.00	1069.85	1288.72	1310.88	1002.01	1080.97
Sargan 检验	0.229	0.236	0.247	0.250	0.301	0.310	0.232	0.253
Arellano-Bond AR（1）	0.004	0.005	0.005	0.005	0.006	0.006	0.004	0.005
Arellano-Bond AR（2）	0.207	0.214	0.218	0.219	0.227	0.231	0.208	0.221

注：*、**、***分别表示在1%、5%和10%水平上通过显著性检验。

第七章 普通教育与职业教育对中国城镇化质量影响的实证分析

表7-9 普通教育与职业教育对西部地区城镇化质量影响的实证结果

变量	普通教育	职业教育	普通高等教育	高等职业教育	普通中等教育	中等职业教育	普通初等教育	初等职业教育
常数项	3.077 **	3.420 **	3.046 **	3.361 ***	3.295 **	2.858 **	3.053 ***	3.169 **
$\ln UR_{it-1}$	0.323 ***	0.317 ***	0.331 ***	0.314 **	0.310 ***	0.313 ***	0.322 **	0.315 ***
$\ln ED$	0.060 **	0.072 **	0.074 *	0.082 *	0.059 **	0.128 **	-0.025 ***	-0.027 **
$\ln EC$	0.221 *	0.214 **	0.225 **	0.202 **	0.208 *	0.194 **	0.199 *	0.206 *
$\ln IN$	0.152 ***	0.158 ***	0.166 ***	0.139 ***	0.154 ***	0.143 ***	0.160 ***	0.147 ***
$\ln LA$	0.145 **	0.132 **	0.147 *	0.136 *	0.146 **	0.129 **	0.144 *	0.130 *
$\ln BA$	0.106 **	0.114 **	0.131 **	0.097 ***	0.115 **	0.082 **	0.078 **	0.099 **
$\ln UT$	-0.035 ***	-0.029 ***	-0.024 **	-0.038 ***	-0.027 ***	-0.031 ***	-0.026 ***	-0.028 ***
$\ln DO$	0.078 **	0.062 **	0.080 ***	0.060 **	0.073 **	0.054 **	0.063 **	0.061 **
$\ln EN$	-0.049	-0.037	-0.043	-0.033	-0.045	-0.036	-0.042	-0.034
Wald 检验	1188.54	1214.18	839.00	950.26	1407.13	1098.39	980.85	1257.26
Sargan 检验	0.262	0.273	0.208	0.225	0.304	0.250	0.227	0.275
Arellano-Bond AR (1)	0.004	0.005	0.003	0.004	0.006	0.004	0.004	0.005
Arellano-Bond AR (2)	0.210	0.223	0.171	0.185	0.235	0.198	0.187	0.224

注：*、**、*** 分别表示在1%、5%和10%水平上通过显著性检验。

首先，东部、中部、西部地区普通教育在校生和毕业生数占总人口数比重提高1%，城镇化质量分别提高0.135%、0.081%、0.060%，均通过了显著性检验；职业教育在校生和毕业生数占总人口数比重提高1%，城镇化质量分别提高0.120%、0.108%、0.072%，也均通过了显著性检验。可见，东部地区普通教育对城镇化质量的促进作用大于职业教育，中西部地区正好与之相反。原因可能在于东部地区由于地理位置、历史原因和国家给予的政策优惠致使其在中国加入WTO后经济快速发展，科技水平也大幅提高。为了实现经济增长方式转变和经济结构转型，该地区对于普通教育的人才需求往往高于职业教育人才需求。而中西部地区经济发展水平、科技水平不高，产业结构较为滞后，多数省份还处于工业化中期，样本期内工业产值占国内生产总值的比重高于服务业。因此，需求更多的是有一定知识和技能的职业教育人才。而通过样本均值可以发现，东部地区的普通教育在校生和毕业生数占总人口的比重高于中西部地区，中西部地区的职业教育在校生和毕业生数占总人口的比重高于东部地区，使普通教育与职业教育在一定程度上分别匹配了东部地区和中西部地区城镇产业发展的需要，进而出现了东部地区普通教育促进城镇化质量的作用更大，中西部地区职业教育促进城镇化质量的作用更大。

其次，东部地区普通高等、中等与初等教育在校生和毕业生数占总人口数比重提高1%，城镇化质量分别提高了0.164%、0.057%、−0.048%，均在不同水平上通过了显著性检验；高等、中等与初等职业教育在校生和毕业生数占总人口数比重提高1%，城镇化质量分别提高了0.149%、0.075%、−0.041%，也均显著。可见，东部地区对城镇化质量的促进作用大小依次是普通高等教育、高等职业教育、中等职业教育、普通中等教育，而该地区普通初等教育与初等职业教育均不利于城镇化质量提高。同样，依据估计结果发现，中部地区对城镇化质量的促进作用大小排序和全国情况相同，西部地区对城镇化质量的促进作用大小依次是中等职业教育、高等职业教育、普通高等教育、普通中等教育，且中西部地区普通初等教育与初等职业教育也均不利于城镇化质量提高。因此，东部、中部、西部地区对城镇化质量提高作用最大的分别是普通高等教育、高等职业教育和中等职业教育。原因在于东部地区产业结构中知识技术密集型行业，特别是高新技术行业比重较高，需要大量的普通高等教育人才（本科、硕士和博士）从事产品技术研发。且东部地区服务业比重较高，部分省市已远超工业，特别是金融会计、专有权利及其许可、法律等新兴服务业比重增加较快，需大量普通高等教育人才。当然对职业教育人才的技能知识要求也大幅提高，增加了对高等职业教育的需求，但东部地区普通高等教育更为发达，致使其对城镇化质量的促进作用最大。而中部地区科技水平和产业结构与全国整体状况类似，其积极承接了东部地区产业转移，产业结

第七章 普通教育与职业教育对中国城镇化质量影响的实证分析

构中技能型劳动密集型行业和现代服务业比重在不断提高,加大了对高等职业教育人才的需求。但由于该地区知识技术密集型行业比重仍然较低,对普通高等教育人才需求有限,致使该地区大量普通高等教育人才流入东部地区,进而造成该地区高等职业教育促进城镇化质量作用最大。至于西部地区,其产业结构中农业、资源性行业、生产加工初级产品行业和传统服务业比重较高,其承接的东中部地区产业转移,也大多是技术含量较低的劳动密集型行业,需求更多的是有一定基本工作技能的中等职业教育人才。且该地区的一部分高职毕业生参加西部志愿计划或流入中东部地区,使该地区中等职业教育对城镇化质量的促进作用最大。但可以预知的是随着西部地区科技水平提高和产业结构优化,高等职业教育对城镇化质量的促进作用将会逐渐增加。

三、对不同类型城市城镇化质量影响的实证结果分析

为了进一步比较实证分析普通教育与职业教育对不同类型城市城镇化质量的影响,这里首先将我国城市分为地级以上城市、地级市和县级市三类,其中地级以上城市包括直辖市、省会城市和副省级城市。然后利用 Stata 软件进行估计,估计结果如表 7-10 至表 7-12 所示,其中 Wald 统计量、Sargan 检验和 Arellano-Bond 检验均无异常。

表 7-10 普通教育与职业教育对省会城市城镇化质量影响的实证结果

变量	普通教育	职业教育	普通高等教育	高等职业教育	普通中等教育	中等职业教育	普通初等教育	初等职业教育
常数项	2.644**	1.928***	1.965**	2.537***	3.004**	2.573***	2.042**	2.256***
$\ln UR_{it-1}$	0.297***	0.316**	0.320***	0.334***	0.329**	0.341**	0.315***	0.327**
$\ln ED$	0.148**	0.112*	0.163**	0.149*	0.097**	0.108*	-0.043**	-0.029*
$\ln EC$	0.200*	0.187**	0.214*	0.223*	0.218**	0.234**	0.231**	0.235**
$\ln IN$	0.127**	0.140***	0.135**	0.131**	0.126*	0.113**	0.119***	0.116**

续表

变量	普通教育	职业教育	普通高等教育	高等职业教育	普通中等教育	中等职业教育	普通初等教育	初等职业教育
$\ln LA$	0.145***	0.138**	0.129**	0.136**	0.130**	0.132***	0.134**	0.127***
$\ln BA$	0.101**	0.092**	0.111**	0.115***	0.104**	0.093**	0.097***	0.095**
$\ln UT$	-0.067**	-0.065***	-0.070**	-0.059**	-0.048***	-0.057**	-0.063**	-0.058***
$\ln DO$	0.068***	0.074**	0.078**	0.073**	0.075**	0.081**	0.072**	0.079**
$\ln EN$	-0.043*	-0.049**	-0.042**	-0.048*	-0.039**	-0.038**	-0.034***	-0.040**
Wald 检验	1172.80	1328.21	1320.07	1407.52	1281.23	1118.82	1261.43	1202.56
Sargan 检验	0.261	0.303	0.293	0.307	0.282	0.245	0.289	0.271
Arellano-Bond AR（1）	0.005	0.006	0.005	0.006	0.005	0.004	0.005	0.005
Arellano-Bond AR（2）	0.242	0.266	0.264	0.268	0.260	0.227	0.252	0.246

注：*、**、*** 分别表示在1%、5%和10%水平上通过显著性检验。

表7-11　普通教育与职业教育对地级市城镇化质量影响的实证结果

变量	普通教育	职业教育	普通高等教育	高等职业教育	普通中等教育	中等职业教育	普通初等教育	初等职业教育
常数项	4.110***	3.484**	3.445***	3.361**	3.857**	2.620***	2.053**	2.326***
$\ln UR_{it-1}$	0.325**	0.318***	0.324**	0.339**	0.303**	0.312**	0.326***	0.310***
$\ln ED$	0.084*	0.115**	0.110*	0.137**	0.081*	0.099**	-0.031**	-0.027*
$\ln EC$	0.217***	0.223**	0.207*	0.212**	0.228**	0.215*	0.202**	0.214**
$\ln IN$	0.161**	0.149***	0.152**	0.138**	0.153**	0.150**	0.147**	0.152***
$\ln LA$	0.149*	0.136**	0.133**	0.127**	0.134**	0.147**	0.159***	0.145**
$\ln BA$	0.112***	0.109**	0.118**	0.124**	0.115**	0.096**	0.085**	0.090***
$\ln UT$	-0.064**	-0.057***	-0.056**	-0.062**	-0.060***	-0.056**	-0.048**	-0.059**
$\ln DO$	0.084***	0.087**	0.075**	0.070**	0.074**	0.068**	0.066**	0.083***
$\ln EN$	-0.051	-0.048***	-0.043	-0.047**	-0.049	-0.040**	-0.038**	-0.039
Wald 检验	977.66	1037.15	1067.34	1208.39	1302.75	1115.37	1051.99	1082.38
Sargan 检验	0.230	0.243	0.249	0.282	0.309	0.261	0.245	0.253

第七章 普通教育与职业教育对中国城镇化质量影响的实证分析

续表

变量	普通教育	职业教育	普通高等教育	高等职业教育	普通中等教育	中等职业教育	普通初等教育	初等职业教育
Arellano-Bond AR（1）	0.004	0.005	0.005	0.006	0.006	0.006	0.005	0.005
Arellano-Bond AR（2）	0.211	0.217	0.219	0.224	0.230	0.223	0.217	0.220

注：*、**、*** 分别表示在1%、5%和10%水平上通过显著性检验。

表7-12 普通教育与职业教育对县级市城镇化质量影响的实证结果

变量	普通教育	职业教育	普通高等教育	高等职业教育	普通中等教育	中等职业教育	普通初等教育	初等职业教育
常数项	3.311*	3.165**	3.260**	2.316**	2.997***	2.991**	3.132*	3.077***
$\ln UR_{it-1}$	0.319***	0.327***	0.314**	0.301**	0.312**	0.319**	0.327***	0.308**
$\ln ED$	0.057*	0.064*	0.073*	0.078**	0.056**	0.114**	-0.023**	-0.025**
$\ln EC$	0.215**	0.222***	0.209**	0.206**	0.198**	0.187**	0.204**	0.201**
$\ln IN$	0.154***	0.163**	0.147***	0.149**	0.146**	0.155**	0.151**	0.142**
$\ln LA$	0.136**	0.142**	0.139**	0.143**	0.134**	0.139**	0.134**	0.125***
$\ln BA$	0.113**	0.106**	0.108**	0.115**	0.092***	0.096**	0.093**	0.087**
$\ln UT$	-0.031***	-0.028***	-0.034**	-0.030**	-0.037**	-0.025**	-0.042***	-0.029**
$\ln DO$	0.067**	0.074**	0.066***	0.064**	0.060**	0.072**	0.058**	0.061**
$\ln EN$	-0.041	-0.046	-0.032	-0.048	-0.039	-0.046	-0.033	-0.038
Wald检验	1206.05	957.93	914.51	1262.30	1196.26	1018.13	1169.78	1110.46
Sargan检验	0.270	0.229	0.224	0.279	0.267	0.234	0.260	0.250
Arellano-Bond AR（1）	0.005	0.003	0.003	0.006	0.005	0.004	0.005	0.004
Arellano-Bond AR（2）	0.219	0.185	0.182	0.221	0.210	0.190	0.209	0.206

注：*、**、*** 分别表示在1%、5%和10%水平上通过显著性检验。

首先，三类城市普通教育在校生和毕业生数占总人口数比重提高1%，城镇化质量分别提高0.148%、0.084%、0.057%，均显著；职业教育在校生和毕业生数占总人口数比重提高1%，城镇化质量分别提高0.112%、0.115%、0.064%，也均显著。可见，地级以上城市普通教育对城镇化质量的促进作用大于职业教育，地级市和县级市与之相反。原因可能在于地级市和县级市大多处于工业化中期，工业和传统服务业比重较高，对职业教育人才需求更多，且样本期内地级以上城市的普通教育在校生和毕业生数占总人口的比重高于地级市和县级市，地级市和县级市的职业教育该比重高于地级以上城市，两类教育正好分别匹配了地级以上城市与地级市和县级市城镇产业发展的需要。

其次，地级以上城市对城镇化质量促进作用最大的是普通高等教育，然后依次是高等职业教育、中等职业教育、普通中等教育；地级市对城镇化质量促进作用最大的是高等职业教育，然后依次是普通高等教育、中等职业教育、普通中等教育；县级市对城镇化质量促进作用最大的是中等职业教育，然后依次是高等职业教育、普通高等教育、普通中等教育。原因在于我国地级以上城市的经济发展水平、科技水平远高于地级市和县级市，产业结构升级最快，知识技术密集型行业和新型服务行业比重较高，其产品技术研发和高质量、高档次、高附加值服务的创新均需大量的普通高等教育人才，当然也增加了高等职业教育人才需求。但地级以上城市普通高等教育在校生和毕业生数占总人口的比重高于高等职业教育，其更好地匹配了产业发展需要，致使其促进城镇化质量的作用最大。而对于地级市，其产业结构与地级以上城市存在一定的差异，一方面其产业结构中高新技术行业和新兴服务业比重较低，另一方面其承接了地级以上城市产业转移，产业结构中技能型劳动密集型行业和具有一定技术含量的现代服务业比重在不断增加，使其对高等职业教育人才的需求高于普通高等教育。且该类城市普通高等教育人才外流到地级以上城市比例较高，同时该类城市高等职业教育在校生和毕业生数占总人口的比重高于普通高等教育，进而造成该地区高等职业教育促进城镇化质量作用最大。至于县级市，产业结构主要以农业、简单生产加工工业和技术含量不高的传统服务业为主，

• 第七章　普通教育与职业教育对中国城镇化质量影响的实证分析 •

对中等职业教育人才有着更多的需求，且县级市中等职业教育学校较多，高等职业院校较少，仅有的高等职业教育人才可能因为不符合该类城市产业发展的需要而外流到地级及其以上城市，这导致了县级市中等职业教育促进城镇化质量的作用最大。当然随着该类城市科技实力增强和产业结构升级，高等职业教育对城镇化质量促进作用将会逐渐增加。

最后，三类城市普通初等教育与初等职业教育均不利于城镇化质量提高，但不利影响较小。

第四节　本章小结

本章在介绍动态面板数据模型形式及其估计方法的基础上，对变量采用 LLC 检验、Breitung 检验、Hadri 检验、IPS 检验、Fisher-ADF 检验和 Fisher-PP 检验进行平稳性检验，采用 Pedroni 检验和 Kao 检验进行协整检验，最后，基于 1992~2012 年城市动态面板数据，利用系统广义矩估计法克服内生性问题，纳入经济发展水平、产业结构等控制变量，比较实证研究了普通教育与职业教育对中国城镇化质量的影响，主要得到以下结论：

一是城镇化质量（UZ）、普通教育（GE）、职业教育（VE）、经济发展水平（EC）、产业结构（IN）、劳动生产率（LA）、基础设施水平（BA）、城乡收入差距（UT）、医疗水平（DO）、环境污染（EN）总体表现均存在单位根，而对其一阶差分值进行检验，其结果在各显著性水平下总体表现为没有单位根，说明变量都是一阶单整 $I(1)$。

二是协整检验发现全国、东部、中部、西部，以及其他三类城市有的统计量拒绝了存在协整关系，并对其进行回归计算后，看得到的残差序列是否平稳，对残差序列进行平稳性检验，结果发现残差序列都平稳，说明城镇化质量（UZ）、普通教育（GE）、职业教育（VE）、经济发展水平（EC）、产业结构（IN）、劳动生产率（LA）、基础设施水平（BA）、城乡收入差距（UT）、医疗水平（DO）、环境污染（EN）各变量间均存在长期关系。

  三是普通教育与职业教育均促进了中国城镇化质量的提高，其中职业教育的促进作用略大，且除普通初等教育与初等职业教育外，其他层次教育均促进了中国城镇化质量的提高，促进作用大小依次是高等职业教育、普通高等教育、中等职业教育、普通中等教育。分区域和分城市看，东部地区和地级以上城市普通教育对城镇化质量的促进作用大于职业教育，中西部地区、地级市和县级市正好与之相反，其中东部地区和地级以上城市对城镇化质量的促进作用大小依次是普通高等教育、高等职业教育、中等职业教育、普通中等教育，中部地区和地级市对城镇化质量的促进作用大小排序和全国情况相同，西部地区和县级市对城镇化质量的促进作用大小依次是中等职业教育、高等职业教育、普通高等教育、普通中等教育。三大地区和三类城市普通初等教育与初等职业教育均不利于城镇化质量的提高。

第八章

普通教育与职业教育对中国城镇化结构影响的实证分析

党的十八大报告明确提出要走新型城镇化道路,而走新型城镇化道路的核心在于提高城镇化质量,关键在于优化城镇化结构。为此,2013年底召开的中央城镇化工作会议提到需全面放开建制镇和小城市落户限制,有序放开中等城市落户限制,合理确定大城市落户条件,严格控制特大城市人口规模,并提到要优化城镇化布局和形态。2014年制定的《国家新型城镇化规划(2014—2020年)》在此基础上进一步提到优化城镇规模结构,需引导发展城市群,严格控制超大和特大城市,合理发展大城市,鼓励发展中等城市,积极发展小城市和小城镇,形成城市群与大、中、小城市及小城镇协调发展的城市化发展新格局。可见,破除城镇化规模结构失衡已经成为中国走新型城镇化道路所必须解决的主要问题之一。那么,如何促进大中小城市协调发展,优化城镇化规模结构,显然是亟须进一步思考的问题。作为与城镇化进程联系极为紧密的教育,其通过农村劳动力转移效应、生育观念转变效应、拉动内需效应、要素资源配置效应、归属感效应等影响城镇化规模结构。但随着中国城镇化进程的推进,现有教育已经难以满足城镇化规模结构优化的需要,其发展方向亟待调整。那么,为了优化城镇化规模结构，中国应重点发展哪一类、哪一层次的教育？东中西部地区又该重点发展哪一类、哪一层次的教育？为此，本章将就普通教育与职业教育不同层次对全国，特别是三大地区（东部、中部、西部地区）城镇化规模结构的影响进行比较实证分析。

第一节 模型设定、变量测度与数据说明

依据研究城镇规模与城镇规模结构影响因素的国内外文献，结合实证需要，设定了以下计量模型：

$$\ln US_{it} = C + \beta_0 \ln US_{it-1} + \beta_1 \ln ED_{it} + \beta_2 \ln ED_{it}^2 + \beta_3 \ln EC_{it} + \beta_4 \ln IS_{it} + \beta_5 \ln TR_{it}$$
$$+ \beta_6 \ln IG_{it} + \beta_7 \ln IN_{it} + \beta_8 \ln SO_{it} + \beta_9 \ln TI_{it} + \beta_{10} \ln GF_{it} + \mu_i + \gamma_t + \varepsilon_{it}$$

其中，i 表示第 i 个城市；t 表示第 t 年；US、ED、EC、IS、TR、IG、IN、SO、TI、GF 分别为城镇化规模结构、经济发展水平、教育、产业结构、经济开放、城乡收入差距、基础设施条件、国有经济比重、固定资产投资、政府财政支出，教育包括普通教育（GE）与职业教育（VE）不同层次；μ、γ 分别为个体效应和时间效应；ε 为随机干扰项。另外，加入滞后一期的被解释变量，一方面是因为本期城镇化规模结构受上期的影响，另一方面是为了涵盖未考虑到的其他影响城镇化规模结构的因素。

一、城镇化规模结构和普通教育与职业教育测度

通过实证分析采用基尼系数和熵值法衡量城镇化规模结构，稳健性检验时采用首位度指数和赫芬达尔指数衡量。至于普通教育与职业教育测度，采用相应教育在校生数和毕业生数之和占城市总人口数比重衡量。通过理论分析得知教育会通过农村劳动力转移效应、生育观念转变效应、拉动内需效应、要素资源配置效应、归属感效应影响城镇规模结构。但上述

第八章　普通教育与职业教育对中国城镇化结构影响的实证分析

影响在不同时期可能存在两种相反的作用，故需实证来判断。

二、经济发展水平测度

用人均GDP来衡量经济发展水平。学术界一般认为经济发展起飞前和发展后，城镇规模结构比较均衡，而经济发展过程中，大城市的快速发展将打破均衡状态，但随着时间推移，拥挤效应的出现又使城镇规模结构恢复均衡。即两者存在非线性关系，故加入经济发展水平的平方项来检验。

三、产业结构测度

用第二、第三产业产值占GDP比重来衡量第二、第三产业产值比重增加，更多支撑了中小规模城市发展，使城镇规模结构趋于均衡。原因在于中小城市第二、第三产业多是传统劳动密集型行业和传统服务业，对劳动力的素质和技能水平要求不高；且中小城市生活成本和房价较低，有助于农村人口转移和就业。而大城市特别是特大城市和超大城市第二、第三产业中的技能型行业比重较高，尤其是资本技术知识密集型行业和现代服务业比重较高，对技能水平低下的农村人口就业吸纳有限；且这些城市生活成本和房价较高，产生了拥挤效应，即便有农村转移的劳动力就业，也多是非正规就业，就业稳定性和可持续性较差，收入较低，回流农村的概率较高。故本章预期产业结构和城镇规模结构是正相关。

四、经济开放测度

用进出口额、实际利用外资金额之和占GDP比重来衡量东部地区城市和内陆省会城市在对外贸易方面拥有较大的比较优势，因此，相对中西部地区中小城市，改革开放以来对外贸易的快速发展更多的促使了东部城市和内陆省会城市规模的扩大，导致城镇规模结构不均衡。同理，FDI 的流入也主要集中在大城市，中小城市利用外资金额较小。故本章预期经济开放和城镇规模结构是负相关。

五、城乡收入差距测度

用城镇居民可支配收入与农村人均纯收入比值来衡量城乡收入差距拉大，有助于农村人口转移到城镇，促进城镇规模的扩大，但由于大城市尤其是超大城市和特大城市的城乡收入差距较大（陆铭，2013），进入这些城市就业得到的收入远高于农村和中小城市。因此，对农村和中小城市人口的吸引力较大，而中小城市的城乡收入差距相对较小，对农村人口吸引力不足。因此，仅从收入角度考虑，城乡收入差距的拉大会不利于城镇规模结构趋于均衡。故本章预期城乡收入差距和城镇规模结构是负相关。

六、基础设施条件测度

用人均拥有城镇道路面积衡量一般基础设施条件较差时，城镇人口规模分布较为分散，基础设施条件的改善增加了城镇对个体和企业的吸引力，有助于个体和企业降低城镇生活生产成本，更好获得城镇产品差异化结构带来的正效应。但随着基础设施条件的继续改善，大城市会出现拥挤效应等负面影响，致使城镇规模分布再次分散化，中小城市将得到更快发展，城镇规模结构趋于均衡。故基础设施条件和城镇规模结构的相关性有待检验。

七、国有经济比重测度

由于一个省域内国有投资比重、产值比重和资产比重变化趋势相对一

第八章 普通教育与职业教育对中国城镇化结构影响的实证分析

致,国有就业比重持续下降,难以衡量国有经济控制力。因此,本章用国有工业企业资产占全部工业企业资产的比重衡量国有经济。中央为了在政府体系之外掌握经济社会运行,需国有经济体系的广泛覆盖。因此,国有经济比重提高,城镇集中度下降,城镇规模分布趋于分散化。且国有经济比重提高抑制了大城市数量,促进了中小城市数量增加,进而降低了城镇集中度(王贤彬等,2014)。因此,本章预期国有经济比重与城镇规模结构负相关。

八、固定资产投资测度

采用全社会固定资产投资额衡量。一般一个地区固定资产投资一开始较多的是投到了区域内的大城市,促使大城市规模扩大,城镇规模分布集中。但随着大城市规模扩大,其固定资产投资的边际收益下降,大城市规模经济效应呈现递减趋势,影响了其就业水平,进而降低了人口规模增长速度。中小城市发展虽得到了政府鼓励,但其接受区域内固定资产投资相对较少,可吸纳的人口有限。故固定资产投资与城镇规模结构的相关性有待进一步检验。

九、政府财政支出测度

采用政府财政支出占 GDP 比重衡量中国政府财政支出具有明显的城市偏向,支出中的基本建设拨款、文教科学卫生事业和行政管理等支出主要偏向于大城市,中小城市占比较低,造成了大城市规模扩张速度快于中小城市,致使城镇规模分布集中度提高。故预期政府财政支出与城镇规模结构负相关。

上述变量原始数据来源于《中国教育统计年鉴》、各市县统计年鉴和统计公报、《中国城市统计年鉴》和《中国县(市)社会经济统计年鉴》。并用 GDP 折算指数和固定资产投资价格指数(以 2000 年为 100)分别对样本中各城市 GDP 和固定资产投资原始数据进行处理，同时对各城市进出口额和实际利用外资金额均按当年加权平均汇率进行换算。依据原始数据计算可知，样本期内基于首位度指数、基尼系数、赫芬达尔指数和熵值法测度的中国城镇规模结构均值分别为 2.218、0.554、0.078、1.124，而据计算，东部、中部、西部地区的首位度指数均值分别为 2.546、2.797、3.783，基尼系数均值分别为 0.527、0.542、0.580，赫芬达尔指数均值分别为 0.058、0.067、0.107，熵值均值分别为 1.142、1.009、0.958。可见，东部地区城镇规模结构均衡性高于中部和西部地区。并且值得注意的是样本期内中国普通教育与职业教育在校生数、毕业生数之和占总人口数比值的均值分别为 17.135%、1.494%，计算得知东部地区普通教育与职业教育在校生数、毕业生数之和占总人口数比值低于中部、西部地区。这似乎意味着对于东中西部地区，普通教育与职业教育不利于城镇规模结构趋于均衡，但这里并未考虑众多其他影响城镇规模结构的因素，得出该结论显然不可靠。

第二节　数据检验与内生性问题

对于动态面板数据模型，其估计的前提是面板数据必须是平稳的，否则可能产生谬误回归的结果。因此，利用 LLC 检验、Breitung 检验、Hadri 检验、IPS 检验、Fisher-ADF 检验和 Fisher-PP 检验方法对上述变量的面板数据进行平稳性检验；采用 Pedroni 检验和 Kao 检验方法对上述变量的面板数据进行协整检验。这是由于宏观经济变量的面板数据通常存在单位根，所以需要继续判断变量间是否存在协整关系，然后对回归模型可能出现的解释变量内生性问题进行分析。

一、面板数据的平稳性检验

前面已经对普通教育（GE）、职业教育（VE）、经济发展水平（ED）、

第八章 普通教育与职业教育对中国城镇化结构影响的实证分析

产业结构（IS）、城乡收入差距（IG）、基础设施条件（IN）进行了平稳性检验。因此，本章仅对城镇化规模结构（US）、经济开放度（TR）、国有经济比重（SO）、固定资产投资（TI）、政府财政支出（GF）进行了平稳性检验。从表8-1和表8-2中可看出，城镇化规模结构（US）、经济开放度（TR）、国有经济比重（SO）、固定资产投资（TI）、政府财政支出（GF）总体表现均存在单位根，而对其一阶差分值进行检验，其结果在各显著性水平下总体表现为没有单位根，说明变量都是一阶单整 I（1）。

表8-1　　　　　　　　变量水平值面板单位根检验结果

变量	面板单位根检验方法					
	LLC	Breitung	Hadri	IPS	Fisher-ADF	Fisher-pp
lnUS	11.8422 (0.9780)	-2.14808 (0.0190)	8.90565 (0.0000)	12.8252 (1.0000)	20.2633 (1.0000)	20.9071 (1.0000)
lnTR	-1.32790 (0.0901)	2.68681 (0.9482)	7.97447 (0.0000)	2.91908 (0.9766)	23.8364 (1.0000)	24.3827 (1.0000)
lnSO	6.67704 (1.0000)	1.46079 (0.5133)	8.89158 (0.0000)	10.1213 (1.0000)	10.7797 (1.0000)	12.2934 (1.0000)
lnTI	-2.30590 (0.0073)	2.78176 (0.9580)	8.25941 (0.0000)	2.81839 (0.9656)	21.8582 (1.0000)	22.4038 (1.0000)
lnGF	-2.01250 (0.0296)	2.73574 (0.9551)	8.07227 (0.0000)	2.85065 (0.9681)	19.9246 (1.0000)	20.4702 (1.0000)

注：括号内为概率值，括号外为统计量，概率值小于0.01表明在1%的显著性水平下拒绝原假设，概率值小于0.05表明在5%的显著性水平下拒绝原假设，概率值小于0.1表明在10%的显著性水平下拒绝原假设。

表8-2　　　　　　　　变量一阶差分值面板单位根检验结果

变量	面板单位根检验方法					
	LLC	Breitung	Hadri	IPS	Fisher-ADF	Fisher-pp
lnUS	-7.84059 (0.0000)	-3.05645 (0.0126)	7.21472 (0.0000)	-1.37658 (0.0810)	74.7762 (0.0567)	74.7762 (0.0001)
lnTR	-9.93902 (0.0000)	-0.63370 (0.2639)	1.03115 (0.1490)	-4.73935 (0.0000)	132.504 (0.0000)	188.063 (0.0000)

续表

变量	面板单位根检验方法					
	LLC	Breitung	Hadri	IPS	Fisher-ADF	Fisher-pp
lnSO	-9.84756 (0.0000)	-0.62786 (0.2787)	1.02167 (0.1573)	-4.69574 (0.0000)	104.188 (0.0000)	147.873 (0.0000)
lnTI	-10.8432 (0.0000)	0.01987 (0.4883)	6.09928 (0.0000)	-5.74572 (0.0000)	151.715 (0.0000)	200.330 (0.0000)
lnGF	-9.51273 (0.0000)	0.01745 (0.4868)	5.98067 (0.0000)	-5.63398 (0.0000)	117.708 (0.0000)	155.425 (0.0000)

注：括号内为概率值，括号外为统计量，概率值小于0.01表明在1%的显著性水平下拒绝原假设，概率值小于0.05表明在5%的显著性水平下拒绝原假设，概率值小于0.1表明在10%的显著性水平下拒绝原假设。

二、面板数据的协整检验

由于面板数据存在单位根，需要继续判断变量间是否存在协整关系。这里对变量进行协整检验，主要是采用建立在 EG 二步法检验基础上的面板协整检验中的 Pedroni 检验和 Kao 检验方法。从表 8-3 中可看出，全国、东部、中部、西部，以及其他三类城市中有的统计量拒绝了存在协整关系，因此，在进行回归计算后，看得到的残差序列是否平稳。对残差序列进行平稳性检验，表 8-4 结果表明残差序列都平稳，说明城镇化规模结构（US）、普通教育（GE）、职业教育（VE）、经济发展水平（ED）、产业结构（IS）、经济开放（TR）、城乡收入差距（IG）、基础设施条件（IN）、国有经济比重（SO）、固定资产投资（TI）、政府财政支出（GF）各变量间均存在长期关系。

表 8-3　　　　　　　　面板数据的协整检验结果

检验方法		全国	东部	中部	西部	省会城市	地级市	县级市
Pedroni 检验	Panel-v	2.793482 (0.8880)	2.770683 (0.8865)	3.036965 (0.8911)	1.997861 (0.8004)	3.764914 (1.0000)	4.269491 (1.0000)	2.171101 (0.8335)
	Panel-ρ	2.938405 (0.8906)	2.931585 (0.8892)	3.115653 (0.9141)	2.242489 (0.8428)	3.939512 (1.0000)	4.490891 (1.0000)	3.445682 (0.9974)

第八章 普通教育与职业教育对中国城镇化结构影响的实证分析

续表

检验方法		全国	东部	中部	西部	省会城市	地级市	县级市
Pedroni 检验	Panel-PP	-8.558070 (0.0000)	-7.453837 (0.0000)	-8.628145 (0.0000)	-7.752076 (0.0000)	-9.179065 (0.0000)	-8.487628 (0.0000)	-7.038055 (0.0000)
	Panel-ADF	3.985251 (1.0000)	3.723637 (0.9994)	3.843638 (1.0000)	4.868824 (1.0000)	4.675052 (1.0000)	4.456824 (1.0000)	3.904220 (1.0000)
	Group-ρ	4.448282 (1.0000)	4.916454 (1.0000)	5.403334 (1.0000)	3.612500 (0.9981)	5.070575 (1.0000)	5.419807 (1.0000)	4.091040 (1.0000)
	Group-PP	-9.623450 (0.0000)	-8.571530 (0.0000)	-9.273863 (0.0000)	-8.825190 (0.0000)	-6.433831 (0.0000)	-8.193569 (0.0000)	-7.518918 (0.0000)
	Group-ADF	1.332514 (0.6565)	1.402208 (0.6652)	2.199302 (0.8379)	1.787083 (0.7175)	1.403617 (0.6670)	1.383470 (0.6581)	1.790690 (0.7208)
Kao 检验	ADF	-2.599826 (0.0018)	-2.644629 (0.0016)	-2.864143 (0.0012)	-2.533850 (0.0033)	-2.906733 (0.0008)	-2.869821 (0.0010)	-2.558963 (0.0019)

注：括号内为概率值，括号外为统计量，概率值小于 0.01 表明在 1% 的显著性水平下拒绝原假设，概率值小于 0.05 表明在 5% 的显著性水平下拒绝原假设，概率值小于 0.1 表明在 10% 的显著性水平下拒绝原假设。

表 8-4   残差序列的平稳性检验

区域	面板单位根检验方法					
	LLC	Breitung	Hadri	IPS	Fisher-ADF	Fisher-pp
全国	-7.40557 (0.0000)	-4.17830 (0.0000)	5.18711 (0.0000)	-4.03617 (0.0000)	92.9323 (0.0000)	120.107 (0.0000)
东部	-6.68608 (0.0000)	-2.21289 (0.0048)	3.94804 (0.0000)	-5.95758 (0.0000)	103.007 (0.0000)	137.205 (0.0000)
中部	-5.04486 (0.0000)	-4.44815 (0.0000)	3.64109 (0.0000)	-2.06315 (0.0174)	85.2696 (0.0000)	111.442 (0.0000)
西部	-7.56918 (0.0000)	-4.14714 (0.0000)	4.89372 (0.0000)	-4.82419 (0.0000)	135.874 (0.0000)	173.789 (0.0000)
省会城市	-6.40013 (0.0000)	-2.83256 (0.0027)	3.73246 (0.0000)	-5.49635 (0.0000)	92.7921 (0.0000)	116.724 (0.0000)

续表

区域	面板单位根检验方法					
	LLC	Breitung	Hadri	IPS	Fisher-ADF	Fisher-pp
地级市	-4.50460 (0.0000)	-3.78236 (0.0000)	3.21095 (0.0000)	-1.67031 (0.0248)	71.6528 (0.0000)	88.436 (0.0000)
县级市	-6.43486 (0.0000)	-3.52787 (0.0000)	4.10890 (0.0000)	-3.95277 (0.0000)	108.706 (0.0000)	131.305 (0.0000)

注：括号内为概率值，括号外为统计量，概率值小于0.01表明在1%的显著性水平下拒绝原假设，概率值小于0.05表明在5%的显著性水平下拒绝原假设，概率值小于0.1表明在10%的显著性水平下拒绝原假设。

三、内生性问题

估计前还可能因为以下内生性问题导致估计结果不可靠：一是被解释变量影响解释变量，如城镇规模结构的均衡有助于普通教育与职业教育发展、有助于经济更好更快发展、有助于产业结构升级等；二是被解释变量在解释变量对其产生影响前就已经发生变化，如产业结构水平高的区域，城镇规模结构原本就较为均衡，经济开放度高的区域，城镇规模结构原本就趋于失衡等。因此，为了克服上述内生性问题，利用阿拉诺和鲍威尔（1995）、布兰德尔和邦德（1997）、邦德（2002）的研究提出了系统广义矩估计方法实证研究；利用Stata软件中用于求解系统广义矩估计值的Xtabond2程序估计，并进行了Sargan检验和Arellano-Bond统计检验，分别检验了所选取工具变量的有效性和残差序列的自相关性。

第三节 实证结果分析

一、对中国城镇化结构影响的实证结果分析

普通教育与职业教育对中国城镇化结构的影响见表8-5，Adjusted R^2、

第八章 普通教育与职业教育对中国城镇化结构影响的实证分析

Wald 检验和 Sargan 检验等统计量均无异常，Arellano-Bond AR（1）值表明残差有一阶自相关性，Arellano-Bond AR（2）值表明残差已没有二阶自相关性，从回归结果可知：

首先，普通教育在校生和毕业生数占总人口数比重提高1%，基于基尼系数和熵值法测度的中国城镇规模结构分别降低了0.147%、－0.504%，职业教育在校生和毕业生数占总人口数比重提高1%，基于基尼系数和熵值法测度的中国城镇规模结构分别降低了0.151%、－0.515%，均在不同水平上通过了显著性检验。可见，普通教育与职业教育均促进了中国城镇规模结构趋于均衡，其中职业教育作用略大。原因可能在于职业教育对中国中小城市规模的促进作用高于普通教育，职业教育培养出来具有一定技能的劳动力更适合中小城市的经济发展水平、科技水平、产业结构和企业需求。且中小城市的职业教育在校生和毕业生数占总人口比重较高，在一定程度上满足了这种需求，其通过劳动力转移等效应促进了中小城市城镇规模以更快的速度提高。

其次，普通高等教育在校生和毕业生数占总人口数比重提高1%，基于基尼系数和熵值法测度的中国城镇规模结构分别降低了0.161%、－0.539%，说明普通高等教育优化了城镇规模结构。原因在于相对中小城市，普通高等教育虽然迎合了大城市的研发需求和产业结构需求，促进大城市规模扩大，但近年来大城市普通高等教育毕业生就业难，出现了知识性失业和人力资本效率降低等现象。且大城市生活成本和房价较高，存在拥挤效应等问题，进而导致普通高等教育毕业生逃离大城市，回流到中小城市的现象，这使普通高等教育对大城市规模的促进作用出现了边际效应递减，对中小城市规模的促进作用出现了边际效应递增，这有助于城镇规模结构趋于均衡。但我们也发现普通高等教育对城镇规模结构优化的作用低于高等职业教育。从表8-5可知，高等职业教育在校生和毕业生数占总人口数比重提高1%，基于基尼系数和熵值法测度的中国城镇规模结构分别降低了0.172%、－0.548%。原因在于加入WTO后中等城市经济发展

表8-5 全国层面的实证结果

	普通教育		职业教育		普通高等教育		高等职业教育		普通中等教育		中等职业教育		普通初等教育		初等职业教育	
	基尼系数	熵值	基尼系数	熵值	基尼系数	熵值	基尼系数	熵值	基尼系数	熵值	基尼系数	熵值	基尼系数	熵值	基尼系数	熵值
常数项	2.605***	2.942***	3.146***	3.069***	3.392***	3.287***	3.173***	3.248***	2.787***	3.149***	3.152***	3.090***	2.575***	2.703***	2.806***	2.921***
$\ln US_{it-1}$	0.274***	0.269**	0.275***	0.272**	0.318***	0.297***	0.301***	0.295***	0.268***	0.286***	0.317***	0.308***	0.257***	0.254***	0.281***	0.264**
$\ln ED$	0.213*	-0.235**	0.206**	-0.227*	0.192***	-0.214**	0.220**	-0.203**	0.195***	-0.198**	0.204**	-0.219**	0.189***	-0.207**	0.232**	-0.226**
$\ln EI\beta$	-0.059***	0.066**	-0.058**	0.063**	-0.054***	0.060***	-0.061**	0.057**	-0.054***	0.055**	-0.057**	0.061**	-0.053**	0.058**	-0.065**	0.063**
$\ln EC$	-0.147**	0.504*	-0.151**	0.515**	0.161*	0.539**	-0.172**	0.548**	-0.145**	0.503**	-0.153**	0.519**	-0.072	0.260	-0.049	0.197
$\ln JS$	-0.101**	0.42***	-0.094**	0.436**	-0.112**	0.468*	-0.107**	0.463**	-0.099**	0.449***	-0.117**	0.441***	-0.095***	0.381***	-0.104**	0.416**
$\ln TR$	0.096***	-0.317***	0.092***	-0.308**	0.108***	-0.345***	0.103***	-0.346**	0.095***	-0.334***	0.112***	-0.323***	0.091***	-0.288***	0.099***	-0.308**
$\ln G$	0.082***	-0.258***	0.087***	-0.260***	0.098***	-0.285***	0.093***	-0.283***	0.084***	-0.274***	0.097***	-0.257***	0.079***	-0.232***	0.086***	-0.252**
$\ln JN$	-0.088***	0.263***	-0.09***	0.254***	-0.103***	0.286***	-0.098***	0.287***	-0.089***	0.277***	-0.104***	0.268***	-0.084***	0.239***	-0.092***	0.253***
$\ln SO$	0.050	-0.191	0.053	-0.183	0.060	-0.207	0.057	-0.208	0.051	-0.201	0.059	-0.194	0.048	-0.173	0.053	-0.185
$\ln TI$	0.163***	-0.574***	0.168***	-0.581***	0.192***	-0.634***	0.182***	-0.630***	0.165***	-0.610***	0.192***	-0.596***	0.156***	-0.526***	0.170***	-0.564***
$\ln GF$	0.095***	-0.306***	0.091***	-0.295***	0.107***	-0.332***	0.102***	-0.333***	0.094***	-0.322***	0.111***	-0.311***	0.090***	-0.275***	0.098***	-0.296**
Wald检验	1924.62	1843.27	2348.43	2040.19	2522.68	2106.37	2358.20	2054.88	2066.86	2001.12	2332.39	1996.61	1906.64	1720.27	2077.23	1865.90
Sargan检验	0.337	0.329	0.372	0.337	0.415	0.365	0.390	0.362	0.349	0.351	0.401	0.344	0.327	0.302	0.357	0.325
Arellano-Bond AR (1)	0.008	0.007	0.011	0.009	0.011	0.010	0.012	0.009	0.010	0.009	0.015	0.009	0.009	0.007	0.009	0.008
Arellano-Bond AR (2)	0.289	0.275	0.314	0.283	0.352	0.306	0.321	0.303	0.292	0.297	0.340	0.288	0.276	0.253	0.301	0.272

注：*、**、*** 分别表示在1%、5%和10%水平上通过显著性检验。

第八章　普通教育与职业教育对中国城镇化结构影响的实证分析

较快,科技实力显著增强,承接了发达国家和国内大城市的产业转移,产业结构中现代制造业和生产性服务业比重增加,对高等职业教育产生了大量需求。依据21世纪教育研究院发布的《中国教育发展报告2014》(教育蓝皮书)可知高职高专院校初次就业率最高,专科生初次就业率高于本科生。因此,高等职业教育较好地满足了中等城市发展需求,相对大城市而言,更好促进了中等城市规模的提高。随着小城市产业结构升级,科技水平提高,以及中等城市生活成本和房价的上涨,拥挤效应的出现,可以预知的是高等职业教育对小城市规模的促进作用将会逐渐增加,进一步优化城镇规模结构。

再次,普通中等教育在校生和毕业生数占总人口数比重提高1%,基于基尼系数和熵值法测度的中国城镇规模结构分别降低了0.145%、-0.503%。中等职业教育在校生和毕业生数占总人口数比重提高1%,基于基尼系数和熵值法测度的中国城镇规模结构分别降低了0.153%、-0.519%。说明普通中等教育与中等职业教育均促进了城镇规模结构趋于均衡,其中中等职业教育的促进作用略大。原因在于相对大中城市,小城市产业结构中传统劳动密集型行业和传统服务业比重较高,这些行业通常要求有一定的基本工作技能,但同时对专业技能和综合技能要求不高。因此,相对普通中等教育,中等职业教育者往往更符合小城市需求,且转移人口中接受中等职业教育比例较高,即中等职业教育能通过农村劳动力转移效应、归属感效应等促进小城市规模提高,进而优化城镇规模结构。

最后,普通初等教育和初等职业教育与城镇规模结构无显著关系。原因在于仅接受过此两类教育的人难以满足大、中、小城市产业结构升级的需要,在城市中就业困难,即便转入城市就业,其就业稳定性和持续性也较差,回流农村的可能性较高。因此,此两类教育难以通过劳动力转移效应、生育观念转变效应、拉动内需效应、要素资源配置效应、归属感效应等影响城镇规模结构。并且从表8-5还可知,经济发展水平与城镇规模结构存在非线性关系,产业结构与城镇规模结构正相关,经济开放、城乡收入差距、政府财政支出与城镇规模结构负相关，进一步验证了预期；基础设施条件和城镇规模结构正相关，固定资产投资与城镇规模结构负相关；国有经济比重与城镇规模结构负相关，但不显著，原因可能在于政府并非通过国有资产扩张来掌握经济社会的运行。

二、对三大地区城镇化结构影响的实证结果分析

首先，东部地区普通教育在校生和毕业生数占总人口数比重提高1%，基于基尼系数和熵值法测度的城镇规模结构分别降低了0.149%、-0.516%（见表8-6）；职业教育在校生和毕业生数占总人口数比重提高1%，基于基尼系数和熵值法测度的城镇规模结构分别降低了0.155%、-0.520%，均通过了显著性检验。可见，东部地区普通教育对城镇规模结构优化的促进作用低于职业教育。该结论同样适用于中西部地区（见表8-7、表8-8）。

其次，东部地区普通高等教育在校生和毕业生数占总人口数比重提高1%，基于基尼系数和熵值法测度的城镇规模结构分别降低了0.178%、-0.557%，均通过了显著性检验；普通中等教育在校生和毕业生数占总人口数比重提高1%，基于基尼系数和熵值法测度的城镇规模结构分别降低了0.126%、-0.454%，未通过显著性检验；普通初等教育在校生和毕业生数占总人口数比重提高1%，基于基尼系数和熵值法测度的城镇规模结构分别降低了-0.049%、0.265%，也均不显著。因此，东部地区普通高等教育优化了城镇规模结构，普通中等和初等教育对城镇规模结构优化作用不明显。而东部地区高等职业教育优化了城镇规模结构，中等和初等职业教育对城镇规模结构优化作用不明显。比较发现，东部地区高等职业教育促进城镇规模结构的作用最大。这可能是因为高等职业教育更好地满足了东部地区中小城市经济发展和产业结构需要。而普通高等教育虽然更好满足了东部地区大城市尤其是特大城市和超大城市发展的需要，但其对大城市及以上城市规模的促进作用边际效应递减更为明显。反而出现普通

第八章 普通教育与职业教育对中国城镇化结构影响的实证分析

表 8-6 东部地区的实证结果

	普通教育		职业教育		普通高等教育		高等职业教育		普通中等教育		中等职业教育		普通初等教育		初等职业教育	
	基尼系数	熵值	基尼系数	熵值	基尼系数	熵值	基尼系数	熵值	基尼系数	熵值	基尼系数	熵值	基尼系数	熵值	基尼系数	熵值
常数项	0.605***	3.274***	2.982**	3.047***	3.129***	3.143***	3.377***	3.336***	2.854***	3.005***	2.883***	2.983***	2.607***	2.828***	2.786***	3.150***
$\ln US_{it-1}$	0.274***	0.219***	0.235***	0.226***	0.240***	0.250***	0.283***	0.278**	0.241***	0.246***	0.226***	0.214***	0.214***	0.199***	0.207***	0.213***
$\ln ED$	0.213*	−0.235***	0.229***	−0.243***	0.251***	−0.238***	0.214***	−0.223***	0.245***	−0.257***	0.239***	−0.245***	0.271***	−0.277***	0.264***	−0.281***
$\ln ED^2$	−0.059***	0.060***	−0.058**	0.062**	−0.064***	0.061***	−0.055***	0.057***	−0.063***	0.066***	−0.061***	0.063***	−0.068***	0.071***	−0.068**	0.072**
$\ln EC$	−0.147**	0.516***	−0.155**	0.520**	−0.178**	0.557***	−0.182**	0.591*	−0.126	0.454	−0.128	0.457	0.049	−0.265	0.052	−0.270
$\ln IS$	−0.101**	0.493***	−0.157***	0.483***	−0.146**	0.485***	−0.144***	0.502***	−0.129***	0.441***	−0.132**	0.436***	−0.120**	0.417***	−0.125***	0.432***
$\ln TR$	0.096***	−0.372***	0.146**	−0.364***	0.135***	−0.362***	0.136***	−0.375***	0.120***	−0.330***	0.123***	−0.322***	0.111***	−0.313***	0.119***	−0.327***
$\ln IG$	0.082***	−0.286***	0.107**	−0.283***	0.102**	−0.286***	0.107***	−0.298***	0.093***	−0.262***	0.094***	−0.258***	0.085***	−0.245***	0.090***	−0.254***
$\ln IN$	−0.088***	0.284***	−0.109***	0.282***	−0.105***	0.288***	−0.113***	0.300***	−0.096***	0.263***	−0.097***	0.261***	−0.088***	0.246***	−0.093***	0.255***
$\ln SO$	0.050	−0.198	0.066	−0.199	0.062	−0.204	0.065	−0.214	0.057	−0.187	0.058	−0.186	0.052	−0.173	0.055	−0.183
$\ln TI$	0.163**	−0.605***	0.191***	−0.605***	0.184***	−0.620***	0.199***	−0.654***	0.172***	−0.570***	0.171***	−0.568***	0.156***	−0.528***	0.161***	−0.549***
$\ln GF$	0.095***	−0.313***	0.116**	−0.315***	0.111***	−0.324***	0.118***	−0.342***	0.103***	−0.298***	0.104***	−0.295***	0.094***	−0.275***	0.094***	−0.286***
Wald检验	1924.62	1127.59	1064.60	1289.16	1259.73	1502.29	1363.90	1477.45	1100.02	1399.82	1029.05	1317.61	972.62	1190.34	1143.28	1286.22
Sargan检验	0.337	0.272	0.265	0.287	0.280	0.311	0.293	0.306	0.267	0.294	0.259	0.289	0.264	0.274	0.273	0.287
Arellano-Bond AR(1)	0.008	0.006	0.005	0.006	0.006	0.007	0.006	0.007	0.005	0.007	0.005	0.006	0.005	0.006	0.006	0.006
Arellano-Bond AR(2)	0.289	0.217	0.212	0.231	0.227	0.253	0.234	0.249	0.214	0.241	0.208	0.234	0.209	0.218	0.217	0.230

注：*、**、*** 分别表示在 1%、5% 和 10% 水平上通过显著性检验。

表8-7　中部地区的实证结果

	普通教育		职业教育		普通高等教育		高等职业教育		普通中等教育		中等职业教育		普通初等教育		初等职业教育	
	基尼系数	熵值	基尼系数	熵值	基尼系数	熵值	基尼系数	熵值	基尼系数	熵值	基尼系数	熵值	基尼系数	熵值	基尼系数	熵值
常数项	3.526***	3.187***	2.872***	3.013**	3.498**	3.274**	2.973**	3.098***	3.261**	3.372**	2.940**	2.899**	3.214**	3.385**	2.851**	2.783***
$lnUS_{it-1}$	0.221**	0.286**	0.258**	0.284**	0.311**	0.306**	0.280**	0.303**	0.325**	0.317**	0.286**	0.278**	0.295**	0.304**	0.260**	0.259**
$lnED$	0.240***	-0.259***	0.237**	-0.245**	0.255**	-0.247**	0.231**	-0.240*	0.226**	-0.219*	0.234***	-0.223**	0.261**	-0.257***	0.208**	-0.212**
$lnED^2$	-0.062**	0.071**	-0.065**	0.067***	-0.070**	0.068***	-0.062***	0.066***	-0.062**	0.060**	-0.063**	0.061**	-0.072**	0.070**	-0.057**	0.058**
$lnEC$	-0.149**	0.506**	-0.153**	0.521**	-0.164**	0.539**	-0.175**	0.550**	-0.153**	0.525**	-0.157**	0.536**	-0.052	0.254	-0.038	0.181
$lnIS$	-0.178**	0.454**	-0.106**	0.430**	-0.107**	0.468**	-0.101**	0.442**	-0.112**	0.481**	-0.104**	0.414**	-0.109**	0.482***	-0.093**	0.397***
$lnTR$	0.163**	-0.330**	0.102**	-0.316**	0.106**	-0.346**	0.097**	-0.326**	0.108**	-0.356**	0.099**	-0.302**	0.103**	-0.358**	0.086**	-0.296**
$lnIG$	0.117**	-0.274**	0.087**	-0.256**	0.093**	-0.280**	0.085**	-0.261**	0.096**	-0.298**	0.086**	-0.245**	0.094**	-0.293**	0.081**	-0.240**
$lnIN$	-0.119**	0.273**	-0.094**	0.261**	-0.102**	0.287**	-0.092**	0.278**	-0.104**	0.295**	-0.091**	0.250**	-0.097**	0.297**	-0.085**	0.249**
$lnSO$	0.072	-0.195	0.054	-0.189	0.061	-0.208	0.053	-0.197	0.059	-0.214	0.052	-0.181	0.056	-0.215	0.050	-0.178
$lnTI$	0.205**	-0.611**	0.175**	-0.583**	0.190**	-0.634**	0.170**	-0.599**	0.184**	-0.653**	0.175**	-0.556**	0.178**	-0.652**	0.153**	-0.540**
$lnGF$	0.126**	-0.317**	0.100**	-0.304**	0.103**	-0.329**	0.096**	-0.314**	0.105**	-0.346**	0.098**	-0.293**	0.099**	-0.340**	0.084**	-0.285**
Wald检验	948.23	767.79	1126.23	1036.38	708.76	993.32	1209.50	1168.42	1427.47	1552.83	780.75	876.48	1091.43	1152.16	923.54	1070.46
Sargan检验	0.264	0.202	0.268	0.260	0.198	0.265	0.279	0.274	0.306	0.312	0.203	0.232	0.265	0.273	0.257	0.263
Arellano-Bond AR(1)	0.005	0.004	0.005	0.005	0.004	0.005	0.006	0.005	0.007	0.007	0.004	0.005	0.005	0.006	0.005	0.005
Arellano-Bond AR(2)	0.208	0.158	0.216	0.211	0.155	0.210	0.227	0.223	0.248	0.254	0.159	0.187	0.213	0.218	0.206	0.212

注：*、**、***分别表示在1%、5%和10%水平上通过显著性检验。

第八章　普通教育与职业教育对中国城镇化结构影响的实证分析

表8-8　西部地区的实证结果

	普通教育		职业教育		普通高等教育		高等职业教育		普通中等教育		中等职业教育		普通初等教育		初等职业教育	
	基尼系数	熵值	基尼系数	熵值	基尼系数	熵值	基尼系数	熵值	基尼系数	熵值	基尼系数	熵值	基尼系数	熵值	基尼系数	熵值
常数项	3.229***	2.691**	2.743***	2.650**	2.556***	2.824***	2.687***	2.521***	2.832***	2.933***	2.334***	2.470***	2.708***	2.752***	2.413***	2.906**
$\ln US_{it-1}$	0.295**	0.243***	0.264**	0.255***	0.238***	0.266**	0.251**	0.224***	0.269**	0.272***	0.219***	0.232***	0.264***	0.256***	0.227***	0.267**
$\ln ED$	0.263*	-0.329***	0.321**	-0.318***	0.324*	-0.307***	0.313**	-0.336***	0.304**	-0.295***	0.281**	-0.286***	0.345***	-0.337***	0.340**	-0.349***
$\ln ED^2$	-0.072**	0.102***	-0.100**	0.099***	-0.101***	0.095***	-0.096***	0.104***	-0.093**	0.092***	-0.087**	0.089***	-0.107***	0.105***	-0.106**	0.108***
$\ln EC$	-0.148**	0.326***	-0.109**	0.334***	0.022	-0.163	0.012	-0.131	-0.105*	0.326***	-0.126**	0.487**	-0.031	0.119	-0.035	0.124
$\ln S$	-0.105***	0.383***	-0.095**	0.378***	-0.083**	0.409***	-0.094**	0.362**	-0.096**	0.417***	-0.078**	0.353***	-0.094**	0.392***	-0.082**	0.415***
$\ln TR$	0.100***	-0.281***	0.072***	-0.275***	0.080***	-0.291***	0.088***	-0.265***	0.090***	-0.304***	0.075***	-0.261***	0.091***	-0.286***	0.079***	-0.307***
$\ln G$	0.092**	-0.234***	0.071***	-0.223***	0.072***	-0.240***	0.069***	-0.213***	0.084***	-0.251***	0.068***	-0.212***	0.082***	-0.235***	0.071***	-0.250**
$\ln N$	-0.096***	0.232***	-0.076***	0.231***	-0.077***	0.245***	-0.083***	0.220***	-0.088***	0.254***	-0.072***	0.216***	-0.086***	0.234***	-0.075***	0.254***
$\ln SO$	0.057	-0.168	0.050	-0.166	0.045	-0.177	0.048	-0.159	0.051	-0.165	0.041	-0.157	0.053	-0.173	0.042	-0.176
$\ln TI$	0.179***	-0.517***	0.143***	-0.512***	0.146***	-0.549***	0.155***	-0.487***	0.163***	-0.566***	0.135***	-0.479***	0.160***	-0.531***	0.134***	-0.562***
$\ln GF$	0.096***	-0.270***	0.082***	-0.268***	0.079***	-0.285***	0.077***	-0.258***	0.086***	-0.297***	0.074***	-0.251***	0.085***	-0.278***	0.078***	-0.295***
Wald检验	605.07	1632.95	2034.76	1702.54	1901.38	1818.02	1996.16	1619.40	2103.75	1880.18	1734.57	1581.24	2079.36	1764.59	1799.63	1856.21
Sargan检验	0.190	0.275	0.344	0.283	0.320	0.304	0.331	0.273	0.350	0.319	0.286	0.271	0.347	0.288	0.297	0.312
Arellano-Bond AR(1)	0.003	0.007	0.011	0.007	0.009	0.008	0.010	0.007	0.012	0.008	0.007	0.006	0.011	0.007	0.008	0.008
Arellano-Bond AR(2)	0.144	0.249	0.295	0.267	0.284	0.276	0.292	0.246	0.301	0.283	0.269	0.245	0.298	0.270	0.274	0.281

注：*、**、***分别表示在1%、5%和10%水平上通过显著性检验。

高等教育人才回流到东部地区中小城市，使其对中小城市规模促进作用的边际效应递增。使普通高等教育不仅没有导致城镇规模结构失衡，反而促进了城镇规模结构趋于均衡，只是促进作用低于高等职业教育。该结论也适合中部地区。但原因存在不同之处，即高等职业教育更好地满足了中部地区中等城市经济发展和产业结构的需要。此外，中部地区普通中等教育在校生和毕业生数占总人口数比重提高1%，基于基尼系数和熵值法测度的城镇规模结构分别降低了0.153%、-0.525%，通过了显著性检验；中等职业教育在校生和毕业生数占总人口数比重提高1%，基于基尼系数和熵值法测度的城镇规模结构分别降低了0.157%、-0.536%，也通过了显著性检验。因此，普通中等教育和中等职业教育均优化了中部地区城镇规模结构。原因可能在于此两类教育更好地促进了该地区中小城市，特别是小城市规模发展。

最后，西部地区普通高等教育和高等职业教育对城镇规模结构的优化作用不明显。原因在于该地区普通高等教育和高等职业教育欠发达，占人口比重较低，且毕业生多流入东中部城市，两者对大城市规模作用不显著。且普通高等教育和高等职业教育与该地区中小城市的产业结构需求不太匹配，两者对中小城市规模的促进作用也不显著。此外，西部地区普通中等教育和中等职业教育促进了城镇规模结构趋于均衡，其中，中等职业教育促进作用最大。原因在于中等职业教育更好促进了西部地区中小城市，尤其是小城市规模提高。但西部地区中等职业教育在校生和毕业生数占总人口比重整体呈现下降趋势，致使其并未促进小城市规模提高过临界点，即成长为中等城市，致使该地区中等城市断层，城镇规模结构失衡。

另外，与东部、中部地区相同，西部地区普通初等教育和初等职业教育与城镇规模结构也无显著关系。

三、稳健性检验

为了检验上述实证结果的可靠性，采用首位度指数和赫芬达尔指数来

第八章 普通教育与职业教育对中国城镇化结构影响的实证分析

测度被解释变量,再次实证研究。

首先,普通教育与职业教育在校生和毕业生数占总人口数比重分别提高1%,基于首位度指数、赫芬达尔指数测度的中国城镇规模结构分别降低了0.513%和0.432%、0.528%和0.443%,均通过了显著性检验。故职业教育对中国城镇规模结构优化作用高于普通教育。并且发现普通高等教育和高等职业教育在校生和毕业生数占总人口数比重分别提高1%,基于首位度指数、赫芬达尔指数测度的中国城镇规模结构分别降低了0.603%和0.470%、0.617%和0.475%。故普通高等教育对城镇规模结构优化作用低于高等职业教育。此外,普通中等教育、中等职业教育在校生和毕业生数占总人口数比重分别提高1%,基于首位度指数、赫芬达尔指数测度的中国城镇规模结构分别降低了0.510%和0.430%、0.531%和0.445%,表明中等职业教育对城镇规模结构的优化作用略大。同样发现普通初等教育和初等职业教育与中国城镇规模结构无显著关系。

其次,东部地区普通教育与职业教育在校生和毕业生数占总人口数比重分别提高1%,基于首位度指数、赫芬达尔指数测度的城镇规模结构分别降低了0.524%和0.437%、0.536%和0.448%,均显著。故东部地区职业教育对城镇规模结构优化作用高于普通教育,中部、西部地区也是如此。并且发现东部地区普通高等、中等、初等教育在校生和毕业生数占总人口数比重分别提高1%,基于首位度指数、赫芬达尔指数测度的城镇规模结构分别降低了0.625%和0.482%、0.481%和0.393%、-0.218%和-0.187%,其中,只有普通高等教育对城镇规模结构作用显著;且东部地区职业教育中也只有高等职业教育显著地优化了城镇规模结构,高等职业教育优化城镇规模结构作用最大。此外,发现中部地区高等职业教育对城镇规模结构优化作用也高于普通高等教育,且中部地区普通中等教育与中等职业教育在校生和毕业生数占总人口数比重分别提高1%,基于首位度指数、赫芬达尔指数测度的城镇规模结构分别降低了0.569%和0.456%、0.585%和0.462%,均显著;故普通中等教育和中等职业教育优化了中部地区城镇规模结构。西部地区普通中等教育和中等职业教育促进了城镇规模结构趋于均衡,中等职业教育促进作用最大,该地区其他层次教育与城镇规模结构无显著关系。

因此,上述稳健性检验结果与实证研究结果是一致的,仅是显著性水平 t 值不同,故本章的实证研究结果是可靠的。

第四节　本章小结

在对变量采用 LLC 检验、Breitung 检验、Hadri 检验、IPS 检验、Fisher-ADF 检验和 Fisher-PP 检验进行平稳性检验,采用 Pedroni 检验和 Kao 检验进行协整检验,然后基于 2000 年以来城市动态面板数据,利用系统广义矩估计法克服内生性问题,纳入经济发展水平、产业结构、经济开放、城乡收入差距、基础设施条件、国有经济比重等控制变量,比较实证分析了普通教育与职业教育不同层次对全国和东部、中部、西部城镇化结构的影响。主要得到以下结论:

一是城镇化规模结构（US）、普通教育（GE）、职业教育（VE）、经济发展水平（ED）、产业结构（IS）、经济开放（TR）、城乡收入差距（IG）、基础设施条件（IN）、国有经济比重（SO）、固定资产投资（TI）、政府财政支出（GF）总体表现均存在单位根,而对其一阶差分值进行检验,其结果在各显著性水平下总体表现为没有单位根,说明变量都是一阶单整 I（1）。

二是协整检验发现全国、东部、中部、西部以及其他三类城市有的统计量拒绝了存在协整关系,对其进行回归计算后,看得到的残差序列是否平稳。对残差序列进行平稳性检验,结果发现残差序列都平稳,说明城镇化规模结构（US）、普通教育（GE）、职业教育（VE）、经济发展水平（ED）、产业结构（IS）、经济开放（TR）、城乡收入差距（IG）、基础设

第八章 普通教育与职业教育对中国城镇化结构影响的实证分析

施条件（IN）、国有经济比重（SO）、固定资产投资（TI）、政府财政支出（GF）各变量间均存在长期关系。

三是普通教育与职业教育均促进了中国城镇规模结构趋于均衡，职业教育作用略大。其中，普通高等教育对城镇规模结构优化的作用低于高等职业教育，普通中等教育与中等职业教育均促进了城镇规模结构趋于均衡，中等职业教育的促进作用略大，而普通初等教育和初等职业教育与城镇规模结构无显著关系。

四是分区域看，东部、中部、西部地区普通教育对城镇规模结构优化的促进作用均低于职业教育；东中部地区普通高等教育和高等职业教育优化了城镇规模结构，其中高等职业教育的作用最大；东部地区其他层次教育对城镇规模结构优化作用均不明显；而中部地区普通中等教育和中等职业教育优化了城镇规模结构；西部地区普通高等教育和高等职业教育对城镇规模结构的优化作用不明显，但该地区普通中等教育和中等职业教育促进了城镇规模结构趋于均衡，其中中等职业教育促进作用最大；中西部地区普通初等教育和初等职业教育与城镇规模结构无显著关系。

第九章

发达国家教育在城镇化进程中的作用及经验启示

第一节 普通高等教育在城镇化进程中的作用及经验启示

一、推动开放普通高等教育资源，有助于低学历者获取

2001年，美国名校麻省理工学院首先开放教育资源，其发起开放课程资源项目（open course ware，OCW），通过该项目，麻省理工学院希望利用开放课程资源，能为人们提供学习的机会，激励人们改善生活，改变世界。该项目在全世界范围内引起了很大反响。到目前为止，麻省理工学院已经在网络上开放了2000多门课程教学资源，已经有数亿人登录网络点击，进而从中受益。在麻省理工学院号召下，众多名校也竞相开放了课程资源。如美国哈佛大学、卡耐基·梅隆大学、耶鲁大学、加州大学伯克利分校和英国开放大学等高校。目前，开放课程资源项目已发展成为一项开放教育资源运动（open educational resources，OER），该运动主要是让全世

界的人们均能利用网络信息技术获取知识和教育机会。该项运动可以帮助人们丰富业余生活，培养工作技能，进而适应未来工作和生活。这对我国发展普通高等教育也提供了借鉴，我国一些名校，如"985"和"211"类的名校，也可以将其教育资源开放，一些普通高校发展较好的专业、学科以及有特色的专业和学科也可以将其教育资源向大众开放，让人们有自愿学习的机会，进而培养工作所需的知识技能，为我国新型城镇化所需的高技术人才奠定基础，因此意义深远。

二、促使普通高等教育资源区域间合理分布，发挥城镇人口聚集效应

美国一开始进行城镇化时，就将城镇化与普通高等教育发展联系起来，注重不同区域间的普通高等教育资源相对均衡分布。美国只有18个州的城市普通高等院校数量多于城镇普通高等院校数量，城市与城镇拥有普通高等院校数量的比值平均低于2∶1。剩下33个州的城镇普通高等院校数量则高于城市普通高等院校数量，其中21个州的城镇与城市拥有普通高等院校数量的比值高于2∶1，个别州甚至更高，将所有普通高等院校放在城镇。此外，美国为了加快普通高等教育资源区域合理分布，选择了在不同地区建分校。其中最明显的一个例子就是美国加州大学先后在不同地区建了10个分校，包括加州大学伯克利分校、洛杉矶分校、旧金山分校、戴维斯分校、欧文分校、河滨分校、圣巴巴拉分校、圣地亚哥分校、圣克鲁兹分校、默塞德分校等，这些分校都成了一个城镇的核心部分，产生了良好的城镇人口聚集效应。我国目前推进新型城镇化，也可以借鉴美国的上述做法，推进普通高等教育资源在不同地区均衡化，可考虑在一些中小城镇或教育落后地区设置一些普通高等院校的分校或新校区，带动这些地区城镇化；也可考虑在区域内部或区域之间的一些经济带上的城镇设立一些普通高等院校的分校或新校区，带动整个经济带城镇化。

三、推进学分互认,为城镇化进程中不同教育背景者提供上升通道

当前,全球都在推动终身学习理念,在此背景下,欧洲委员会建立了欧洲学分转换与累积制度。该制度对于过去在欧洲不同高等院校获得的学分均承认,并且允许任何时间学生都可以以不同背景进入高等院校学习,提供相应的学位和学历认可,进而增强和促进学生和教师流动。其中英国为提高劳动者素质和技能,在全国11种技术性行业,包括建筑、工程、制造业等行业,建立了基于工作能力的职业资格证书制度,其将职业资格证书划分为5个等级,在选拔人才上,4级和5级大概分别相当于大学工程技术学科的学士学位、硕士学位,获得3级职业资格证书,就可以申请进入大学工程技术学科专业学习学士学位课程。据不完全统计,英国每年约有40万人获得职业资格证书。这种学分转换和累积制度为城镇化进程中不同教育背景者提供了社会流动的上升通道,有助于推进城镇化。我国也可以借鉴上述做法,在同一地区或不同地区同类普通高等院校之间建立学分互认机制。如"985"或"211"类的高校学分互认、一本院校学分互认、二本院校学分互认等,通过学分互认和累积,一方面有助于我国普通高等教育更好发展,另一方面为不同教育背景的人提供了获取知识技能的渠道,进而更好地促进城镇化。

第二节　高等职业教育在城镇化进程中的作用及经验启示

一、美国推动高等职业教育社区化,促进了城镇化发展

在美国,高等职业教育已经多样化和系统化,其主要职责是为经济社

第九章 发达国家教育在城镇化进程中的作用及经验启示

会服务，培养经济社会各行业需求的人才。目前，美国高等职业教育包括社区学院、地方农工学院、侧重科技教育的州立大学、地区职业学校、工业管理学院等。其中社区学院发展迅猛，据统计，2004年社区学院有1171所；2009年，两年制的社区学院在美国已经达到了3400所，是美国高等职业教育的主要承担者。目前，为了获取大学文凭和职业技能，选择社区学院的学生将近50%，这一比例在新泽西、佛罗里达、加利福尼亚、伊利诺伊等州甚至超过60%。以社区学院为代表的美国高等职业教育快速发展主要原因是有科学的职业教育观，职业教育立法完善，美国政府先后颁布了150多个职业教育法规。另外，政府的支持和多渠道的经费来源也促进了以社区学院为代表的高等职业教育规模不断扩大。当前，美国社区学院经费中的75%是州政府和地方拨款以及学杂费，其中以州政府拨款为主，约占38%。此外，社区学院的机制灵活，教育对象广泛多样，除了适应升学需要招收应届高中毕业生外，在职职工、失业人员和在校大学生都可以进入社区学院学习，且课程设置多样灵活，注重实效，实践课程占到了50%左右，针对性也强，为学生在200多个职业领域的就业或提高技能做准备，涉及农、工、军、商、衣、食、住、行等各个方面。社区学院主要开设三类课程：第一类是基础性课程，主要是满足想上正式大学的学生需求；第二类是授予职业证书课程，主要是满足短期内希望获得技术技能以走向职场的学生或失业人员需求；第三类是继续教育课程，主要是满足在职员工进一步提高技能需求。因此，以社区学院为代表的美国高等职业教育是一种更倾向于满足普遍民众需要的办学形式。而城镇化的推进催生了大批新城镇和原有城镇规模的进一步扩大，需要有机制灵活、课程设置灵活、注重实践技能、满足普遍民众需求的高等职业教育形式，进而为城镇经济发展提供技能型人才。可见，社区学院在美国达到了上述要求，是一种较好的选择。

美国发展高等职业教育的经验对我国如何发展高等职业教育提供了以下借鉴：一是树立科学的高等职业教育观。当前社会更多是重视学历教育，而轻视能力教育培训，现实中就读高职院校的往往是高考成绩较差的学生。因此，对于高等职业教育普遍不够重视，但我国目前城镇化的发展需要大量技能型人才，高等职业教育发展长期滞后，出现了技工荒。故需要转变思想观念，树立科学高等职业教育观，从推进新型城镇化的战略高度来认识高等职业教育的地位和作用。二是完善高等职业教育法规。美国在高等职业教育发展的每个时期都会颁布相应的法律法规，且通过这些法律法规对各州的高等职业教育进行宏观调控。而我国的高等职业教育法制化进程比较滞后，目前只有《中华人民共和国职业教育法》，但这一法律对于现实中高等职业教育出现的问题并不能较好解决。国家虽然已经将高等职业教育放在优先发展的战略地位，也提出600多所新建本科高校转型高等职业教育，但这需要相应的法律法规引导和支持。三是加大高等职业教育经费支出。由于美国经济实力雄厚，在各个时期，经费中政府拨款比重很高，故美国的高等职业教育经费较为充足。而我国高等职业教育经费主要源于学生的学费，政府拨款比重较低，且与本科院校相比，政府对于高职院校的拨款也存在明显差距，社会和企业的捐助也较少。因此，需借鉴美国经验，加大政府投入高等职业教育的力度，鼓励企业和社会捐助高职院校。四是强化社区作用，发展社区学院。我国可以借鉴美国发展社区学院经验，在东部地区一些技工荒严重的省市尝试改造现有高等职业院校或者建立社区学院的试点，试点成功再推广到中部、西部地区，这样有助于城镇化的进一步推进。同时，也可以尝试在一些人口密集的农村或城乡结合部建立社区学院的试点，将招收的对象扩大到含高中应届毕业生在内的在职人员、失业人员等，满足农村人口的农业知识和职业技能需求，进而更好的推进城镇化。

二、德国高等职业教育双元制模式，推动了城镇化发展

20世纪60年代，德国的高等职业教育开始真正发展。目前，德国的

第九章 发达国家教育在城镇化进程中的作用及经验启示

高等职业教育主要包括非学历高等职业教育系列和学历高等职业教育系列，其中后者包括职业学院和专科高等学校，前者则包括师傅学校和专科学校（技术员学校），两者均含有双元制职业学校，其主要形式是三年的实践教育，即每个星期有1~2天在职业学校学习理论，剩下的时间就到企业接受实践教育。这显然有别于其他国家的高等职业教育，在国际上别具一格。目前，大约有50%的年轻人中学毕业后进入双元制学校接受教育，学习国家认可的350种培训职业中的某一职业。参与实践教育的企业也达到了50万家，其中，中小企业提供了80%的实践培训岗位。可见德国的这种双元制模式较好的将理论与实践相结合，提高了工人的专业技能。德国15~19岁的人中无职业或无培训位置的仅占4%左右。目前德国又进一步调整了双元制职业学院的教育培训内容，推进高等职业教育的国际化。正是这种双元制高等职业教育模式，通过学校和企业合作方式，培养了许多高技能人才，为德国第二次世界大战后的城镇化和经济社会发展奠定了强有力的基础。以双元制职业教育模式为特色的德国高等职业教育快速发展主要原因是有科学的职业教育价值取向和务实的职业教育思想。另外，健全的法律法规为其发展提供了法律保障，1969年德国颁布《职业教育法》以后，又颁布了众多法规，如《联邦职业教育促进法》《企业基本法》等，不仅从职业院校方面进行规定，也要求企业承担在职业教育中的义务。较为完善的监督体系为其发展提供了管理支持，其中"行业协会"能有效管理着双元制职业教育。此外，突出的职业特性和等值于普通教育也促使其快速发展。主要是参与教育的多数企业有自己的培训基地，有技能水平高的培训老师，这让学生能在真实的生产环境里学习到工作需要的技能。且双元制的职业院校给学生授予的毕业证、学位证书与普通高等院校所授予的具有同等地位和价值，这也推动了其发展。双元制职业院校的培训操作技能实用，校企合作也很紧密，使学生在企业实践中形成良好的合作精神和团队意识，有助于学生就业，因而，在德国就读双元制职业院校是一种较好的选择，这为德国第二次世界大战后的城镇化和经济社会发展提供了众多技能型人才。

德国发展高等职业教育的经验对我国如何发展高等职业教育提供了以下借鉴：一是提高高等职业教育在我国的地位。我国传统观念就是重脑力劳动轻体力劳动，人们愿意做白领而不是蓝领工人。而在德国的观念是尊重为社会做出实际贡献的人，上普通高等院校未必就是最好的发展，要教给年轻人手艺。因此，我国政府和教育部门应逐渐改变社会传统观念，提高高等职业教育在整个教育体系中的地位。二是完善高等职业教育法律法规体系。德国的职业教育法律法规众多，从促进、计划、保障、监管和改革等方面使其高等职业教育发展有法可依。且为了校企合作落到实处，运用法律促使企业参与实践教育中。而我国显然在上述方面的法律法规不够健全，需修订和完善《中华人民共和国职业教育法》，并需加强执行力度。三是加强校企合作。德国之所以能将校企合作落到实处，除了上述法律原因外，还因为企业参与实践教育，培养了自己的后备人才，节省了培养新员工的费用，且学员还为其创造了利润；企业在参与过程中，也得到了政府每年对每一个培训岗位3500欧元的补贴。因此，企业有动力吸纳双元制职业院校学生的实践培训。而我国众多高职院校和企业显然没有做到真正的校企合作，可借鉴德国做法加强校企合作。四是加强实践能力，走产学结合之路。德国的双元制教育是2/3时间用于实践，我国的高职院校实践教育往往仅安排在大学三年级上半学期，且多是集中实习，或是学生自己去找企业分散实习，这使学生很难将所学理论与实践结合。因此，高职院校需积极探索产学合作之路，真正签订实践基地，进行订单式培养，让学生能力在实践中得到提高，进而弥补我国城镇化所需的高技能工人不足，为我国推进城镇化奠定扎实的人力资本基础。

三、澳大利亚实施了职业技术教育，加速了城镇化发展

当前，澳大利亚实施高等职业教育的主要机构为技术与继续教育学

第九章 发达国家教育在城镇化进程中的作用及经验启示

院,澳大利亚为了发展高等职业教育,在1973年成立了技术与继续教育委员会,将职业教育改为技术与继续教育。这些技术与继续教育学院由联邦政府拨款资助,各州和各地方教育部门负责管理。澳大利亚政府对技术与继续教育也不断进行改革,如引入了职业教育与培训,开发了培训包等。目前,据统计,澳大利亚现有大约250所技术与继续教育学院,70%中学毕业生都在技术与继续教育学院就读,每年近130万学生在这些学院学习,约是澳大利亚接受普通高等教育学生的2倍。澳大利亚的技术与继续教育之所以能快速发展,主要原因有以下几点:一是对技术与继续教育学院的管理,联邦政府、州政府和地方政府分工明确,能做到各司其职,不会出现多头管理。联邦政府负责技术与继续教育的宏观统筹和规划,各州及地方政府负责本地的技术与继续教育政策制定、规划和管理。二是统一的认证体系。在澳大利亚职业教育与培训体系认证中,学生在高等职业教育阶段获得一般文凭和副学位、高级文凭后,可以继续学习,取得学士学位、研究生班证书、硕士生文凭、硕士学位和博士学位。三是技术与继续教育学院经费充足,且不断增加,来源多样化。包括了联邦政府、州政府和地方政府的拨款、学生交纳的费用和其他经费,其中州政府和地方政府拨款占比最高,约55%;联邦政府次之,占比约20%;其他经费占比约20%;学生缴费占比最小,约5%。上述技术与继续教育学院经费是受到了"拨款(技术与继续教育资助)法""培训保障法"等法律保障的。四是技术与继续教育产业化。联邦政府支持技术与继续教育学院利用自己的优势与特色争取和接受社会各方面的资助,且其将留学生教育当作产业经营。据统计,技术与继续教育学院招收留学生所获得收入占整个教育经费的12%,高等职业教育的产业化和市场化也促进了其快速发展。正是澳大利亚实施了技术与继续教育,给20世纪80年代后澳大利亚各行业提供了许多高技能的劳动力,促进了其城镇化快速发展。

  澳大利亚发展高等职业教育的经验对我国发展高等职业教育提供了以下启示:一是需建立发展咨询委员会和战略规划委员会制定高等职业教育

的发展规划、战略方针,进而更好协调和统筹教育资源的使用与分配,以发展高等职业教育。二是完善职业资格认证制度。我国目前职业教育资格认证证书种类较多,但通用的证书较少,实用的证书较少,因此,需规范和完善职业资格认证制度,建立符合中国国情的职业资格认证体系。三是加大经费支持力度,鼓励社会和企业投资,使高等职业教育经费充足,来源多样化。我国目前高等职业教育经费显然不足,政府拨款比重较低,学生缴费占比较高,社会和企业投资比重较低,需借鉴澳大利亚经验,加大政府及教育部门投入力度,鼓励企业和社会资助;另在国家人力资源保障部门建立国家培训保障机构督促和规范高等职业教育经费的拨付、使用。四是推进高等职业教育的国际化。借鉴澳大利亚的技术与继续教育产业化和国际化经验,多参加高等职业教育国际交流会,借鉴其他国家高等职业教育办学模式和课程设置,开发符合中国实际的高职模式和课程,为中国城镇化发展奠定人才基础。

第三节 中等职业教育在城镇化进程中的作用及经验启示

一、日本中等职业教育

日本中等职业教育包括学校内和学校外中等职业教育,学校内中等职业教育包括专门高中、各种非正规职业技术学校和专修学校,其中,中等职业教育主体是专门高中。学校外中等职业教育主要是具有教育功能的各种机构学校。目前专门高中主要是招收准备在某一行业就业的初中毕业生或同等学力者。各种非正规职业技术学校主要包括农业、工业、商业、卫生、理发、裁缝、烹调等专业学校,这些学校多数是私人办学,由于入学条件、教学时间等灵活,其招收初中毕业生,主要为培养学生具有一技之

第九章　发达国家教育在城镇化进程中的作用及经验启示

长。该类型学校在20世纪70年代时达到鼎盛，为日本城镇化快速发展提供了大量专业技术人才。专修学校则是从各种非正规职业技术学校中分离和发展出来的一类学校。其90%是私立学校，包括招收初中毕业生的高等专修学校、招收高中毕业生的专门学校和面向成人的一般专修学校。这些专修学校强调教学内容的实用性，往往根据社会实际需要，使学生在三年内学到实际需要的知识技能，因此，在日本受到大众欢迎。日本中等职业教育之所以能快速发展，主要原因包括以下几个方面：一是日本中等职业教育法律法规健全。目前，日本中等职业教育方面的法规主要包括中等职业学校设置的法规、中等职业教育师资的法规、中等职业教育经费方面的法规，这些法规对于中等职业学校设置、教师资格、经费投入均做了详细规定，保障了中等职业教育发展。二是日本中等职业教育模式为产学合作。日本为了适应城镇经济发展和学生多样化需求，中等职业教育在教育实践中注重发展学生个性，强化训练技能，非常注重实验、实习和各种实务操作。并采取校企联合、企业培训、全日制、夜校、弹性学分制、工读交替等形式满足城镇各行业对于技能型人才的需要。且日本推动中等职业教育与各级各类教育相融合，使学生不断学习新技术新能力。三是日本中等职业教育有着切合实际的职业指导。中等职业教育学校与学生家庭、地区事务所等合作，通过实践活动对学生的职业发展进行指导，力求最大限度地激发学生潜能。四是日本中等职业教育有着严格的师资培训体系。除了法律确立的师资任职标准外，日本还建立了多样化教师在职进修和培训制度，包括校内进修、校外进修和国外考察学习制度。此外，日本为了弥补师资队伍实践经验不足，还通过积极吸收社会优秀技术人员，充实师资队伍。正是日本大力发展中等职业教育，使第二次世界大战后日本经济社会能够较快恢复发展和城镇化快速推进。

日本发展中等职业教育的经验对我国发展中等职业教育提供了以下启示：一是加快中等职业教育立法，健全相关法律法规。目前，我国相关法律法规多是原则性的，针对性较差，不够具体，难以实施。对于中等职业教育资金投入和校企合作教学也缺少相应的法律保障机制，需尽快完善中等职业教育法律法规。二是完善产学合作机制。除了立法保障校企合作外，中等职业教育课程设置和人才培养模式等必须围绕城镇经济发展需要，结合企业自身人才需求，让企业有动力与学校合作，形成更为紧密的订单合作关系。另外，制定政策鼓励中职教师参与企业培训和研发，进而达到双赢的目的。三是对学生进行职业指导，重视对学生职业生涯意识教育。要在中等职业学校设立专门的职业生涯辅导机构，在了解现有社会职业发展趋势基础上，收集相关职业信息，并在对学生进行充分了解之后，进行职业指导，也可聘请专业指导教师进行职业指导，让学生在学习知识技能过程中形成职业意识，在步入社会前成为具有较强综合素质的职业人才。四是加强双师型教师培养。我国中职师资中双师型师资较为短缺，较多教师实践能力弱，因此，在中职师资录用和聘请时要严格把关，同时对现有教师进行在职培训与工程锻炼，也可通过法律法规形式来保障双师型师资的培养。

二、德国中等职业教育

与高等职业教育相同，德国中等职业教育也是采取校企合作的双元制形式。当前，德国中等职业教育学校包括职业提高学校、职业专科学校和专科高中等，其中约85%都是双元制的中等职业教育，并且双元制中等职业教育在德国高中阶段占了60%，其他中等职业教育占10%，普通教育仅占30%，可见双元制中等职业教育在整个德国教育中的地位举足轻重。其为德国制造业和服务业发展提供了大量技能工人，虽为蓝领阶层，但这些技能工人收入较高；德国中等职业教育也为德国造就了一大批技师、个体业主等中产阶级群体，为德国城镇化发展奠定了基础。在德国双元制中等职业教育学制一般为三年，接受教育期间，学生每个星期更多时间是在企业实习，在学校学习时间仅为1~2天；且企业实习内容是严格按照国家承

第九章 发达国家教育在城镇化进程中的作用及经验启示

认的职业门类传授技能经验,学生是在近似实际工作环境中接受实践实习,因此,德国双元制中等职业教育非常注重校企合作。对于不愿接受学生实习的企业,20世纪80年代德国法律就规定征收处罚性税费。这也是德国双元制中等职业教育快速发展的原因之一。另外,在德国双元制中等职业教育培训中,开设专业的课程体系是依据职业岗位能力所需来设置,而不是以全面和系统为标准,这意味着学生学习和实践的内容有助于培养学生的职业能力,为学生步入社会从事相关职业奠定了很好的基础。在德国,中等职业教育属于义务教育,因此,联邦政府和州政府等拨款充足,强有力的财政支持也促使其快速发展。故在德国双元制中等职业学校对于学生或失业人员等是一种较好的选择,而政府又在法律法规制定、投入经费等方面予以支持,使中等职业教育为德国第二次世界大战后的城镇化和经济社会发展提供了大量技能型蓝领工人。

德国发展中等职业教育的经验对我国发展中等职业教育提供了以下启示:一是中等职业教育要注重以关键能力培养为本位,使接受中等职业教育的学生或失业人员等具备从事相关岗位的职业能力,以便就业。这就需要结合地方城镇经济发展和产业结构调整以及行业需求,调整目前中等职业教育的专业设置和相应的教学内容,强调实践性。二是政府要加强政策和资金扶持。可以通过土地优惠、税收减免等政策鼓励企业办实践性强的中等职业学校。此外为了进行校企合作,政府可考虑给予财政补贴或税收减免鼓励学校和企业间联合建设实习实训基地,对于一些基础性质的培训实习基地,政府可考虑统筹规划建设,实施开放式管理。另外,政府可借鉴德国的义务免费教育,进一步扩大中等职业教育的免费范围,缓解目前城镇化技能工人的不足。三是加强师资队伍建设。德国中等职业教育的实践教学是在企业完成的,企业中有高级技师指导学生,因此不存在缺乏实践经验丰富的师资。但我国中等职业学校师资显然普遍缺乏实践技能,因此,需引进和培养双师型师资,鼓励企业技术人员担任实践培训教师,在实训基地指导学生;建立师资培训机制,要求青年教师在上岗前到企业进行实践培训，积极鼓励中年教师外出实践锻炼，并尝试在职称评定和年终考核等方面优先考虑。四是完善职业资格证书制度。目前，中等职业学校很多专业没有职业资格证书可考，而完善职业资格证书制度能有利推动我国城镇中各行业工人的技能水平。国家人事劳动部门、教育部门等需相互协调，尽快完善职业资格证书制度，支持有条件的中等职业学校设立职业资格考核鉴定站。五是通过完善水平评估体系，进一步提高中职教育办学水平。

第十章

推进新型城镇化的教育发展建议

第一节 不同地区、不同类型城市重点发展不同类型、不同层次教育

依据第五章至第八章的实证结果和第九章的经验启示,不同地区、不同类型城市需重点发展不同类型、不同层次教育,以推进新型城镇化。具体为目前我国应大力发展职业教育,特别是高等职业教育,为初等职业教育者、中等职业教育者、普通中等教育者提供更多接受高层次教育的机会,进而提高城镇化质量,优化城镇化结构。从区域和城市层面,东部地区和地级以上城市、中部地区和地级市、西部地区和县级市分别需重点发展普通高等教育、高等职业教育、中等职业教育。各地区各类城市也均需制定政策为低层次教育者提供更多接受高层次教育的机会。

目前,我国教育发展存在一些问题,以职业教育为例。一是高等职业教育规模以及政府、企业、社会经费投入相对不足难以满足城镇化水平提高的需要。中国人力资源网的调查显示,目前求职登记人员中高级技术等级人员偏低,约只占总量的1%,这与发达国家的35%相比,差距很大。

并且政府、企业、社会对于高等职业教育的经费投入也不足，依据《中国教育经费统计年鉴》可知其教育经费主要是依靠学费，但相当多的高职院校学费收入只占学校正常经费的50%左右，经费缺口较大；从生师比统计数据也可看出经费投入不足，2011年高职院校生师比相对1999年生师比增加约52%，说明高职院校在校生规模在增加的同时，教师数量却没有成比例增加。此外，还可以从实习实训设施设备不足看出。二是农村职业教育滞后，缺少经费保障，职业教育机构少，未形成完整体系严重制约了中国城镇化水平的提高。三是职业教育办学形式较为单一、办学层次偏低、专业设置针对性不强、课程体系偏离企业实际、人才培养模式没有特色等均影响了职业教育在中国城镇化进程中发挥积极作用。

因此，当前要采取对策逐步解决上述存在的问题。一是政府加大对高等职业教育的经费投入，中央政府的经费投入需向中部、西部地区倾斜；同时要建立多元化筹资机制，发挥职业教育中介与社会组织的资金筹集职能，规范与拓宽社会资金捐赠职业教育的税收优惠政策范围，并完善高等职业教育学校学生多元化的资助体系以及逐步扩大职业教育免费制度范围。二是改革农村职业教育投资体制。加大政府对于农村职业教育的转移支付力度，扩大农村职业教育的覆盖范围；与此同时通过增加工资待遇和职称评定倾斜等政策选拔一部分优秀师资从事农村职业教育，并由政府指定人员专门负责农村职业教育，使农村职业教育落到实处。三是各地方应采取多样化的职业教育办学形式，各职业院校要提高办学层次和专业设置的针对性，构建为城镇化进程服务的职业教育课程体系，形成有特色的人才培养模式等，职业教育需根据本地区城镇化需要优化专业设置和课程体系设置。四是各地区间可以以对口支援、师资共享、资源共享等方式来提高各层次教育质量，同省各城市间还可以通过设立分校等方法进行各层次教育对接，以促进教育落后城市的城镇化质量提高。五是各地均需制定政策为低层次教育者，尤其是农村人口提供更多接受高层次教育的机会，在完善教育经费投入政策、构建教育资助体系、提高教师福利待遇与职称评定、年终考核推优等方面予以倾斜,有助于低层次教育者和农村人口转移到中小城市,促进中小城市规模扩大,优化城镇化结构。

第二节 充分认识高等和中等职业教育的重要性

对高等、中等职业教育在我国经济建设和教育中地位、作用的认识,是高等和中等职业教育能否得到实质性发展的前提。近几年,教育界以及社会上对高职和中等职业教育的认识有了一些进步,在一些重要问题上达成了初步共识,但毋庸讳言,由于受传统文化和旧的教育观念的影响,人们对高等和中等职业教育的发展存在偏见。政府和教育主管部门需加强高等、中等职业教育的宣传力度,修订和完善高等、中等职业教育地方性配套法规,为高等、中等职业教育的发展建立健全法律保障体系。同时,各高等、中等职业院校也要充分利用各种媒介,全方位宣传自己,扩大影响。让家长了解高等、中等职业教育能够培养综合性应用型人才,充分认识到高等、中等职业教育的重要性。科学发展观的核心是以人为本,要想促进经济社会的全面发展,就要不断培养适应经济社会发展的应用性人才,提高职业教育办学理念,为新型高素质人才发展开拓空间。

第三节 高等和中等职业院校需努力办出特色

高等和中等职业教育分别作为高等教育、中等教育的一种类型,均具有双重属性,其中高等职业教育既是高等教育,又是高层次的职业教育。从它是高等教育这一点来说,它与普通高等教育有共同点,即两者都是在高中文化基础上,进行高层次的文化、理论知识和专业教育;从职业教育的高层次这一点来说,它又与普通高等教育有显著区别:普通高等教育是按学科设置专业,按学科理论体系设置课程,强调学生所学知识的系统性和完整性。高等职业教育则是按职业岗位设置专业，按照实际需要，以培养一线人才的岗位能力为中心来决定理论教学与实践训练的内容和时间。同样，中等职业教育既是中等教育，又是中等层次的职业教育。它与普通中等教育既有共同点，也有显著区别，因此，高等和中等职业教育均要在专业设置、师资结构、课程体系、教学内容、教学方法、培养途径等方面不断深化改革，办出特色。只有这样，才能培养出满足经济发展需要的技术应用型人才，体现出高等和中等职业教育的不可替代性。

第四节　努力创建技术应用型人才培养模式

　　无论是高等职业教育还是中等职业教育在教学模式上均应突出专业设置的针对性、知识传授的实用性和能力培养的实践性。只是高等职业教育培养目标是为经济建设第一线培养具备综合职业能力的高等技术应用型人才。而中等职业教育培养目标是为社会输出初中级技术人员及技术工人。为了达到这些培养目标，高等和中等职业院校均应根据各地经济发展的需要，按照技术领域和职业岗位的实际需要设置和调整专业，以能力培养为中心，形成具有鲜明职业特色的教学内容和教学计划，构筑职业特色鲜明的教材体系。同时根据学校条件采取校内与校外相结合的方式建立实训基地。在校内建立实训车间，模拟生产真实环境，让学生在校内进行基本训练；在校外建立相对稳定的用人单位实训基地，既可增强学生职业技能，也可拓宽毕业生就业渠道。此外，要有针对性地提高教师职业教育理论水平和专业技能，要有计划地选送教师到生产第一线工作和学习，加强教师实践能力的培养，努力培养"双师型"教师。

第五节　以省统筹，优化院校布局与专业布点

　　各省需依据本省情况统筹发展教育，需突出重点，优化调整院校布局与

专业布点,以江西省为例。一方面,需面向鄱阳湖生态经济区合理布局职业院校。国务院 2009 年 12 月 12 日正式批复《鄱阳湖生态经济区规划》,标志着建设鄱阳湖生态经济区正式上升为国家战略。这也是新中国成立以来,江西省第一个纳入国家战略的区域性发展规划,是江西发展史上的重大里程碑,对实现江西崛起新跨越具有重大而深远的意义。鄱阳湖生态经济区位于江西省北部,包括南昌、景德镇、鹰潭 3 市,以及九江、新余、抚州、宜春、上饶、吉安市的部分县(市、区),共 38 个县(市、区)和鄱阳湖全部湖体在内,面积为 5.12 万平方公里。占江西省面积的 30%,人口占江西省总人口的 50%,经济总量占江西省 60%。因此,在高等和中等职业院校的布局上,高等和中等职业院校应尽量与鄱阳湖生态经济区发展规划与人才需求相适应。另一方面,需面向区域经济建设,调整专业设置。江西以鄱阳湖生态经济区建设为龙头,坚定不移地实施大开放主战略,大力发展十大战略性新兴产业,加快产业集聚,形成一批战略性新兴产业基地,使之成为江西调整结构、转变发展方式的主动力,成为引领江西绿色崛起的主导力量。2011 年,十大战略性新兴产业(光伏、风能核电、新能源汽车和动力电池、航空制造、半导体照明、金属新材料、非金属新材料、生物、绿色食品、文化及创意产业)实现主营业务收入突破 1 万亿元。除有色金属、石化、钢铁、食品工业等 4 大千亿产业外,2011 年,江西省纺织产业规模以上企业实现主营业务收入 1020 亿元,首次突破千亿元大关,成为江西第五个过千亿元的产业。因此,江西高等和中等职业院校要紧密结合江西经济发展需要,加强应用型学科专业建设,积极设置主要面向江西支柱产业和十大战略性新兴产业的应用型学科专业。各地区高职和中职院校也要形成"按需设置、对应行业、宽窄并存、稳定与灵活相结合"的专业格局,为各地经济建设输送各类应用型人才。

第六节 加大投入、改善条件、培育重点、全面发展

各地要真正办出有特色的高等和中等职业院校需要较大的经费投入,

仅靠收取学费难以解决基本建设和设备费用。目前，各地高等和中等职业院校教育经费明显投放不足，办学条件影响学校发展，因此，应加大对高等和中等职业教育的经费支持。在美国，公立职业学校经费的来源包括地方税收、州政府拨款、联邦政府拨款、学费和其他收入。在德国，按照职业教育法及其他法律的规定，职业教育经费是由联邦、州政府及企业分别承担的，职业学校的经费，由地方和州政府共同负担。在澳大利亚，公共职业教育经费的主要来源有：联邦和州政府拨款、学费、公立职业学院的服务收入（如短期培训和咨询服务、开办合营企业、出售教育技术与教材等）。故可以通过各种方式来增加职业教育经费的投入，改善职业学校的办学条件，并且要培育重点，全面发展，对一些示范性的骨干院校需加大投入。

参 考 文 献

[1] 安虎森、邹璇：《最优城市规模选择与农产品贸易成本》，载于《财经研究》2008年第8期，第92~102页。

[2] 曹跃群、刘培森：《中国城市规模分布及影响因素实证研究》，载于《西北人口》2011年第4期，第47~52页。

[3] 崔民初、范先佐：《我国城市化进程中的教育问题及对策研究》，载于《教育科学》2003年第1期，第1~4页。

[4] 段瑞君：《中国城市规模及其影响因素研究——来自284个地级及以上城市的经验证据》，载于《财经研究》2013年第9期，第82~94页。

[5] 段瑞君：《聚集经济、市场拥挤效应与城市规模》，载于《财经科学》2014年第8期，第120~128页。

[6] 高鸿鹰、武康平：《集聚效应、集聚效率与城市规模分布变化》，载于《统计研究》2007年第3期，第43~47页。

[7] 高鸿鹰、武康平：《我国城市规模分布Pareto指数测算及影响因素分析》，载于《数量经济技术经济研究》2007年第4期，第43~52页。

[8] 郭书君、米红：《我国高等教育规模与城市化互动发展的实证研究》，载于《现代大学教育》2005年第5期，第45~48页。

[9] 胡茂波、史静寰：《中国高等教育规模与城镇化协调发展的进程及趋势》，载于《教育与经济》2014年第4期，第14~20页。

[10] 简新华、黄锟：《中国城镇化水平和速度的实证分析与前景预测》，载于《经济研究》2010年第3期，第28~39页。

[11] 金相郁：《最佳城市规模理论与实证分析》，载于《上海经济研究》2004年第7期，第35~43页。

[12] 江曼琦：《人口迁移与城镇体系规模结构》，载于《南开学报（哲学社会科学版）》2004年第6期，第70~75页。

[13] 阚大学、吕连菊：《职业教育对中国城镇化水平影响的实证研究》，载于《中国人口科学》2014年第1期，第66~75页。

[14] 雷菁、郑林、陈晨：《利用城市流强度划分中心城市规模等级体系》，载于《城市问题》2006年第1期，第11~15页。

[15] 李晓阳、黄毅祥：《中国劳动力流动与区域经济增长的空间联动研究》，载于《中国人口科学》2014年第1期，第55~65页。

[16] 刘颂、李晓康、张辉：《北京城市化进程中的高等职业教育发展研究》，载于《教育与经济》2007年第4期，第32~36页。

[17] 刘耀彬、王英、谢非：《环鄱阳湖城市群城市规模结构演变特征》，载于《经济地理》2013年第4期，第71~77页。

[18] 刘征：《城镇化建设与职业教育发展研究——以湖南省为例》，载于《中国职业技术教育》2008年第35期，第36~38页。

[19] 陆铭：《缩减大城市收入差距》，载于《财经》2013年第18期，第24~27页。

[20] 陆铭、陈钊：《城市化、城市倾向的经济政策与城乡收入差距》，载于《经济研究》2004年第6期，第50~58页。

[21] 马智利、王银彩：《城镇体系规模结构差异的熵值分析》，载于《现代经济探讨》2005年第2期，第68~70页。

[22] 倪鹏飞、杨华磊、周晓波：《经济重心与人口重心的时空演变》，载于《中国人口科学》2014年第1期，第44~54页。

[23] 冉云芳：《中等职业教育与城镇化发展的协调性与相关性研究——基于2006年和2011年的省际截面数据分析》，载于《教育发展研究》2013年第23期，第63~69页。

[24] 盛科荣、金耀坤、纪莉：《城市规模分布的影响因素：基于跨国截面数据的经验研究》，载于《经济地理》2013年第1期，第66~72页。

[25] 孙维胜、滕越：《城市化进程与教育结构调整》，载于《现代教育科学》2003年第1期，第18~20页。

[26] 孙哲、王家庭：《区域高等教育对"人的城镇化"的影响》，载于《教育与经济》2014年第5期，第47~53页。

[27] 覃一冬：《我国城市人口规模分布演化影响因素研究》，载于《人口与经济》2012年第4期，第21~26页。

[28] 王俊、李佐军：《拥挤效应、经济增长与最优城市规模》，载于《中国人口资源与环境》2014年第7期，第45~51页。

[29] 王贤彬、谢小平、杨本建：《国有经济与城市规模分布演进》，载于《经济评论》2014年第2期，第16~27页。

[30] 魏后凯、王业强、苏红键、郭叶波：《中国城镇化质量综合评价报告》，载于《经济研究参考》2013年第31期，第3~32页。

[31] 翁京华、韩玉启：《城市化与高等教育的相关性分析》，载于《城市发展研究》2012年第5期，第1~4页。

[32] 武彦民、杨峥：《土地财政与最优城市规模》，载于《经济与管理研究》2012年第3期，第29~38页。

[33] 谢小平、王贤彬：《城市规模分布演进与经济增长》，载于《南方经济》2012年第6期，第58~73页。

[34] 肖文、王平：《外部规模经济、拥挤效应与城市发展》，载于《浙江大学学报（人文社会科学版）》2011年第3期，第94~105页。

[35] 许和连、邓玉萍：《外商直接投资导致了中国的环境污染吗》，载于《管理世界》2012年第2期，第30~43页。

[36] 许丽英：《城镇化进程中农村职业教育发展的问题与对策》，载于《东北师大学报（哲学社会科学版）》2003年第1期，第123~128页。

[37] 阎堃、顾培亮：《我国城市化进程与高等教育发展》，载于《教育研究》2003年第11期，第21~25页。

[38] 杨海燕：《城市化进程中职业教育的特殊价值——促进转移农民

的市民化》，载于《职业技术教育》2007年第22期，第12~16页。

[39] 余吉祥、周光霞、闫富雄：《劳动力流动与城市规模分布——以珠三角城市群为例的研究》，载于《西北人口》2013年第5期，第44~50页。

[40] 张志强：《中国城市体系演化的影响因素探究》，载于《江苏社会科学》2010年第3期，第67~72页。

[41] 郑艾、刘巍文：《青海省教育与城市化关系的实证分析》，载于《中南大学学报（社会科学版）》2008年第6期，第879~885页。

[42] 朱洪涛、林光彬：《城市化与高等教育发展相互关系研究述评》，载于《中国高教研究》2006年第4期，第67~70页。

[43] 朱顺娟、郑伯红：《从基尼系数看中国城市规模分布的区域差异》，载于《统计与决策》2014年第6期，第127~129页。

[44] 李志翠、朱琳、张学东：《产业结构升级对中国城市化进程的影响：基于1978—2010年数据的检验》，载于《城市发展研究》2013年第10期，第35~40页。

[45] 卢丽文、张毅、李永盛：《中国人口城镇化影响因素研究——基于31个省域的空间面板数据》，载于《地域研究与开发》2014年第6期，第54~59页。

[46] 郑子龙：《我国信息化对城镇化的非线性动态影响机制研究——基于面板数据门限回归模型的经验分析》，载于《财政研究》2013年第8期，第48~51页。

[47] 李永、刘建生、吴群、舒帮荣：《不同类型房价对城镇化的影响研究——来自中国省际面板数据的证据》，载于《中国土地科学》2014年第4期，第26~32页。

[48] 袁晓玲、郭轶群、雷厉：《消费率与投资率对我国城市化率的影响》，载于《城市问题》2011年第6期，第8~13页。

[49] 刘贵文、杨建伟、邓询：《影响中国城市化进程的经济因素分

析》，载于《城市发展研究》2006年第5期，第9~12页。

[50] 许抄军、赫广义、江群：《中国城市化进程的影响因素》，载于《经济地理》2013年第11期，第46~51页。

[51] 蒋伟：《中国省域城市化水平影响因素的空间计量分析》，载于《经济地理》2009年第4期，第613~617页。

[52] 武力超、孙浦阳：《基础设施发展水平对中国城市化进程的影响》，载于《中国人口·资源与环境》2010年第8期，第121~125页。

[53] 韩淑娟：《资源禀赋对中国人口城市化发展的影响》，载于《中国人口·资源与环境》2014年第7期，第52~58页。

[54] 陈丙欣、叶裕民：《中国流动人口的主要特征及对中国城市化的影响》，载于《城市问题》2013年第3期，第2~7页。

[55] 魏娟、李敏：《产业结构演变促进城市化进程的实证分析——以江苏为例》，载于《中国科技论坛》2009年第11期，第83~87页。

[56] 陈立俊、王克强：《中国城市化发展与产业结构关系的实证分析》，载于《中国人口·资源与环境》2010年第3期，第17~20页。

[57] 戴永安、陈才：《东北地区城市化与产业结构演进的互动机制研究》，载于《东北大学学报（社会科学版）》2010年第6期，第511~517页。

[58] 罗茜：《FDI对中国城市化进程推动的实证分析》，载于《首都经济贸易大学学报》2008年第3期，第105~112页。

[59] 黄娟：《FDI对我国城市化水平的影响研究——基于2003—2007年21个市数据》，载于《经济问题》2011年第4期，第44~47页。

[60] 刘洋、胡郴、何文举：《资源消耗对湖南省城市化质量的影响研究——基于C-D生产函数和误差修正模型的理论分析与实证检验》，载于《经济地理》2013年第12期，第61~67页。

[61] 阚大学、吕连菊：《职业教育对中部地区城镇化的影响：基于城镇化质量角度的经验分析》，载于《教育与经济》2014年第5期，第40~

46页。

[62] 班茂盛、祁巍锋：《基于分形理论的浙江省城市体系规模结构研究》，载于《中国人口科学》2004年第6期，第39~43页。

[63] 张虹鸥、叶玉瑶、陈绍愿：《珠江三角洲城市群城市规模分布变化及其空间特征》，载于《经济地理》2006年第5期，第806~809页。

[64] 王颖、张婧、李诚固、张雪娜：《东北地区城市规模分布演变及其空间特征》，载于《经济地理》2011年第1期，第55~59页。

[65] 刘源、刘培森：《成渝经济区城市规模分布实证研究》，载于《中国城市经济》2011年第20期，第12~14页。

[66] 程开明、庄燕杰：《中国中部地区城市体系规模分布及演进机制探析》，载于《地理科学》2013年第12期，第1422~1427页。

[67] 朱士鹏、毛蒋兴、徐兵、徐勤诗：《广西北部湾经济区城镇规模分布分形研究》，载于《广西社会科学》2009年第1期，第19~22页。

[68] 刘耀彬、王英、谢非：《环鄱阳湖城市群城市规模结构演变特征》，载于《经济地理》2013年第4期，第70~76页。

[69] 杨勃、石培基：《甘肃省城镇规模分布演化及空间特征分析》，载于《地域研究与开发》2013年第12期，第54~58页。

[70] 郭志仪、石瑾：《基于城市流理论的甘肃省中心城市规模等级结构优化研究》，载于《兰州学刊》2014年第3期，第171~175页。

[71] 何志方：《高等教育规模与城市化联动发展的国际经验》，载于《比较教育研究》2001年第9期，第27~31页。

[72] 曾阳、黄崴：《城镇化进程中发达国家教育管理体制改革经验及对我国的启示——以美、日、德、英四国为例》，载于《当代教育科学》2014年第1期，第35~39页。

[73] 李春宏：《城镇化进程中高等教育改革的若干思考——美国威斯康星的经验及对我国的启示》，载于《南京理工大学学报（社会科学版）》2014年第9期，第15~19页。

［74］李英英:《美国、澳大利亚、德国高等职业教育的启示》,华中师范大学,2011年。

［75］李英英、张俊:《美国高等职业教育发展历程及其对我国的启示》,载于《武汉职业技术学院学报》2010年第9期,第86~90页。

［76］孙小娇、张杜鹃:《西方发达国家高等教育与城镇化互动对中国启示》,载于《城市地理》2015年第2期,第167~168页。

［77］边家胜:《日本中等职业教育改革及对我国的启示》,东北师范大学,2007年。

［78］盛卫才:《美国社区学院办学经验对我国高等职业教育的启示》,载于《民办教育研究》2010年第1期,第45~49页。

［79］吴海霞:《中德中等职业教育比较研究》,大连理工大学,2005年。

［80］Akpan, A. I. The Impact of Urbanization and Institutions of Higher Education on Houston Texas' Third Ward Community [J]. Journal of Applied Sciences and Environmental Management, 2006, 10 (2): 29 - 36.

［81］Anderson, G., Ge, Y. The Size Distribution of Chinese Cities [J]. Regional Science and Urban Economics, 2005, 35 (6): 756 - 776.

［82］Aimin, C. Urbanization and Disparities in China: Challenges of Growth and Development [J]. China Economic Review, 2002, 13 (4): 407 - 411.

［83］Arellano, M., Bond, S. R. Some Tests of Specification for Panel Data: Monte Carlo Evidence and an Application to Employment Equation [J]. Review of economic studies, 1991, 58: 277 - 297.

［84］Arellano, M., Bover, O. Another Look at the Instrumental Variable Estimation of Error-Components Models [J]. Journal of Econometrics, 1995, 68: 29 - 52.

［85］Au, C., Henderson, J. V. How Migration Restrictions Limit Agglomeration and productivity in China [J]. Journal of development Economics, 2006, 80 (2): 350 - 388.

［86］Blundell, R. W. , Bond, S. R. Initial Conditions and Moment Restrictions in Dynamic Panel Data Models［J］. Journal of Econometrics, 1998, 87: 115 – 143.

［87］Bond, S. R. Dynamic Panel Data Models: A Guide to Micro Data Methods and Practice［J］. Portuguese Economic Journal, 2002, 1: 141 – 162.

［88］Brakman, S. , Garretsen, H. , Marrewijk, C. An Introduction to Geographical Economics［M］. Cambridge: Cambridge University Press, 2001.

［89］Chant, S. Cities through a "Gender Lens": a Golden "Urban Age" for Women in the Global South? ［J］. Environment and Urbanization, 2013, 4 (25): 19 – 29.

［90］Chen, Z. , Fu, S. Dynamics of City Growth: Random or Deterministic? Evidence From China［C］. Proceedings of CES2006, Shanghai University of Finance and Economics, 2006.

［91］Cuber, D. Sequential City Growth: Empirical Evidence［J］. Journal of Urban Economics, 2011, 69 (2): 229 – 239.

［92］Davis, J. C. , Henderson, J. V. Evidence on the Political Economy of the Urbanization Process［J］. Journal of Urban Economics, 2003, 53 (1): 98 – 125.

［93］Duranton, G. , Puga, D. Micro foundations of Urban Agglomeration Economies［M］. In Handbook of Regional and Urban Economics. Amsterdam: Elsevier Press, 2004.

［94］Duranton, G. From Cities to Productivities and Growth in Developing Countries［R］. Department of Economics, University of Toronto, Working Paper 306, 2007.

［95］Fan, C. C. The Vertical and Horizontal Expansions of Chinas City System［J］. Urban Geography, 1999, 20 (6): 493 – 515.

［96］Henderson, J. V. Urbanization in Developing Countries［J］. World

Bank Research Observer, 2002a, 17 (1): 89 – 112.

[97] Henderson, J. V. Urban Primacy, External Costs, and Quality of Life [J]. Resource and Energy Economics, 2002b, 24 (1 – 2): 95 – 106.

[98] Henderson, J. V. The Urbanization Process and Economic Growth: The So-What question [J]. Journal of Economic Growth, 2003, 8 (1): 47 – 71.

[99] Henderson, J. V. Cities and Development [J]. Journal of Regional Science, 2010, 50 (1): 515 – 540.

[100] Henderson, J. V., Becker, R. Political Economy of City Sizes and Formation [J]. Journal of Urban Economics, 2000, 48 (3): 453 – 484.

[101] Henderson, J. V., Z. Shalizi, A. Venables. Geography and Development [J]. Journal of Economic Geography, 2001, 1 (1): 81 – 105.

[102] Henderson, J. V., Venables, A. J. The Dynamics of City Formation [J]. Review of Economic Dynamics, 2009, 12 (2): 233 – 254.

[103] Hillman, B. The Causes and Consequences of Rapid Urbanization in an Ethnically Diverse Region: Case study of a county town in Yunnan [J]. China Perspectives, 2013, 3: 25 – 32.

[104] Muricho, W. P, Koskey, J. Education Reforms in Kenya for Innovation [J]. International Journal of Humanities and Social Science, 2013, 3 (9): 123 – 145.

[105] Demir, M. H., Ince, M., Amin, C. M. N. The effects of Education and Urbanization on SAP [J]. Problems and Perspectives in Management, 2011, 4 (2): 46 – 61.

[106] Song, S. F., Zhang, K. H. Urbanization and City Size Distribution in China [J]. Urban Studies, 2002, 39 (12): 2317 – 2327.

[107] Wheaton, W. C., Shishido, H. Agglomeration Economies, and the Level of Economic Development [J]. Economic Development and Cultural Change, 1981, 30 (1): 17 – 30.

后　记

　　本书的撰写得到国家社会科学基金教育学项目《普通教育与职业教育对城镇化影响的比较研究：基于水平、质量和结构视角》（编号：CFA140137）的资助，从章节安排、写作、修改至定稿，是在南昌工程学院各位领导和同事悉心指导帮助下完成的，经济科学出版社在本书出版过程中付出了热切的关注和努力，在此一并郑重致谢。

　　我还要特别感谢我的家人，尤其是我的父亲和母亲，他们身体不好。身为人子，我只有更努力地学习和工作，才能报答双亲。感谢妻子吕连菊和儿子阚瞰，长路相随，所有的支持和鼓励，所有的欢欣和期盼，将永伴我心。

　　最后，由于现在本人学识、能力有限，书稿中依然有不少不足之处，恳请各位专家学者批评指正，以便我在今后的工作和研究中进一步完善。

阚大学
2018 年 11 月 22 日